Alt werden, was heißt das eigentlich? Wie mit Hoffnung, Sehnsucht, mit Ängsten und Problemen des Alters umgehen? Wie in Würde altern, Gesundheit und Lebensfreude bewahren? Und schließlich: Wie die Frage nach dem Tod stellen? Nossrat Peseschkian gibt Antworten auf diese Fragen, die uns alle angehen. Er bietet mit seinem Buch eine unkonventionelle Sicht auf die zweite Lebenshälfte, voller Wärme und Lebensweisheit, und gibt zahlreiche Orientierungshilfen, wie ein positiver Umgang mit dem Alter aussehen kann.

*Nossrat Peseschkian,* Dr. med., Prof. h.c., wurde 1933 in Persien geboren und lebt seit 1954 in Deutschland. Er ist Facharzt für Neurologie, Psychiatrie und Psychotherapeutische Medizin. Er ist Begründer der Positiven Psychotherapie und Dozent an der Akademie für ärztliche Fort- und Weiterbildung der Landesärztekammer Hessen sowie Leiter der Wiesbadener Internationalen Akademie für Positive Psychotherapie und Transkulturelle Psychotherapie. 1997 erhielt er den Richard-Merten-Preis; 2006 das Bundesverdienstkreuz am Bande.
Weitere Bücher von Nossrat Peseschkian im Fischer Taschenbuch Verlag: Psychotherapie des Alltagslebens (Bd. 1855); Der Kaufmann und der Papagei (Bd. 3300); Positive Familientherapie (Bd. 6761); Auf der Suche nach Sinn (Bd. 6770); Positive Psychotherapie (Bd. 6783); 33 und eine Form der Partnerschaft (Bd. 6792); Psychosomatik und Positive Psychotherapie (Bd. 11713); Angst und Depression im Alltag (mit Udo Boessmann; Bd. 13302); Das Geheimnis des Samenkorns (Bd. 14569); Der nackte Kaiser (Bd. 15477); Die Treppe zum Glück (mit Raymond Battegay; Bd. 17112).
Siehe auch: Nossrat Peseschkian – Morgenland-Abendland. Positive Psychotherapie im Dialog der Kulturen; von Thomas Kornbichler mit Manije Peseschkian; Bd. 15861.

*Unsere Adresse im Internet: www.fischerverlage.de*

Nossrat Peseschkian

# Das Alter ist das einzige Mittel für ein langes Leben

## Eine positive Sicht auf die zweite Lebenshälfte

Fischer Taschenbuch Verlag

Geist und Psyche
*Begründet von Nina Kindler 1964*

Veröffentlicht im Fischer Taschenbuch Verlag,
einem Unternehmen der S. Fischer Verlag GmbH,
Frankfurt am Main, März 2009

Lizenzausgabe mit freundlicher Genehmigung des
Patmos Verlages GmbH & Co. KG, Düsseldorf

Druck und Bindung: Druckerei C. H. Beck, Nördlingen
Printed in Germany
ISBN 978-3-596-18239-8

# Inhalt

# Einführung

*Der Anfang ist die Hälfte des Ganzen.*

## Was das Leben zu lehren hat: Die Jahreszeiten des Lebens

*Es war einmal ein Mann, der hatte vier Söhne. Da er seine Söhne lehren wollte, nicht vorschnell zu urteilen, sandte er sie einen nach dem anderen aus, um einen Birnbaum zu betrachten, der weit entfernt im Lande stand.*
*Der erste Sohn ging im Winter, der zweite im Frühling, der dritte im Sommer und der jüngste im Herbst.*
*Nachdem sie alle ausgezogen und wieder zurückgekehrt waren, rief der Vater sie zusammen, und ließ sie beschreiben, was sie gesehen hatten.*
*Der erste Sohn berichtete, der Baum sei hässlich, krumm und schief. Der zweite Sohn sagte, der Baum sei bedeckt mit Knospen und voller Verheißung. Der dritte Sohn entgegnete, der Baum sei übersät mit Blüten, die so süß dufteten und so prächtig seien, dass es das Köstlichste sei, das er je erblickt habe. Der letzte Sohn aber widersprach ihnen allen: Der Baum hänge voll und schwer von reifen Früchten und sein Anblick sei wie die Fülle des Lebens selbst.*
*Daraufhin erklärte der Mann seinen Söhnen, dass sie alle zusammen im Recht seien, denn ein jeder von ihnen habe den Baum nur zu einer Jahreszeit erblickt.*
*Und er erklärte ihnen: Man kann einen Baum oder Menschen nicht allein nach einer Jahreszeit bewerten. In seinem wahren Wesen, mit all der Freude, Lust und Liebe, die seinem Leben entspringt, ist er allein am Ende zu beurteilen, wenn alle Jahreszeiten durchlaufen sind.*
*Wer im Winter aufgibt, wird nicht die Verheißung seines Frühlings erleben, nicht die Pracht des Sommers und nicht die Erfüllung des Herbstes.*

*Die Moral der Geschichte:*

*Lass die Entbehrung einer Jahreszeit nicht die Freuden aller anderen Jahreszeiten trüben.*
*Beurteile das Leben nicht nur aufgrund einer schweren Zeit.*
*Bleibe zuversichtlich auf schweren Pfaden, und bessere Zeiten werden gewiss folgen.*

*Nicht durch Alter, sondern durch Begabung*
*gelangt man zur Weisheit.*

*Den Wert von Menschen und Diamanten kann man erst erkennen, wenn man sie aus der Fassung bringt.*
Positive Psychotherapie

## Anregungen zum Nachdenken

- Wo finden Sie den Sinn Ihres Lebens?
- Im eigenen Wohlergehen, in Ihrer Familie, im Engagement für eine bestimmte Gruppe, für die gesamte Menschheit oder eine bessere Zukunft?
- Fühlen Sie sich im Einklang mit sich selbst?
- Bilden Sie mit ihrer Umwelt eine Einheit, oder stehen Sie ihr gegenüber?
- Wurden Sie von Ihren Eltern, Ihrem Kind oder Ihren Kindern, Ihren Bezugspersonen und Ihren Mitmenschen als Person akzeptiert?
- Welche Bereiche und Inhalte Ihrer Persönlichkeit wurden von Ihren Eltern, Bezugspersonen oder Mitmenschen betont oder vernachlässigt?
- Sind Sie mit Ihrem jetzigen Gesundheitszustand, Ihrem Aussehen und Ihrer körperlichen Leistungsfähigkeit zufrieden?
- Wie alt fühlen Sie sich?

Weniger materielle Güter werden von einer Generation zur anderen weitergegeben als vielmehr Strategien der Konfliktverarbeitung und Symptombildung, Weltanschauungen und Beziehungsstrukturen, die von den Eltern auf die Kinder übergehen, von diesen aufgehoben und wiederum an die eigenen Kinder weitergegeben werden.

---

**Merke**

*Die Welt entwickelt sich.*
*Was gestern falsch war, kann*
*morgen richtig sein.*

*Wenn die Unfähigkeit*
*einen Decknamen braucht,*
*nennt sie sich Pech.*

*Was du heute kannst besorgen,*
*kannst du dir morgen sicher*
*nicht mehr leisten.*

*Man sollte kein langes*
*Gesicht machen, sonst hat*
*man soviel zu rasieren.*

*Alt ist man erst dann, wenn*
*man an der Vergangenheit*
*mehr Freude hat als an der*
*Zukunft.*

*Eine ältere Frau sagt zum Ober:*
*»Ich hätte gern ein Hähnchen!«*
*»Tut mir leid, meine Dame, die Hähnchen sind ausgegangen.«*
*»So, so – darf man fragen, wohin?«*

---

## Leitfaden für den Leser

*Wenn der Arzt seinen Patienten gute Geschichten erzählt, braucht er nur halb so viel Narkosemittel.*

Ferdinand Sauerbruch

*Sich begnügen können*
*Auf einem Bauernhof gab es viele Gänse. Eine jede von ihnen legte täglich mehrere Eier. Zum Erstaunen des Bauern bereicherte ihn eine Gans Tag für Tag mit einem goldenen Ei. Und so begann der Bauer Reichtümer zu häufen und wurde dabei gieriger und gieriger. In seiner Besessenheit überlegte er, wie er wohl an die Quelle des Reichtums gelangen könnte. Er dachte, der goldene Schatz sei im Bauch der Gans. Da schnitt er eines Tages der Gans den Bauch auf und fand zu seinem Entsetzen eine ganz gewöhnliche Bauchhöhle.*

Die Themen dieses Buches werden unter folgenden Gesichtspunkten dargestellt:

1. Der *Zugang* erfolgt über die Phantasie, über das bildhafte Denken der »rechten Hirnhälfte«, über Geschichten, Spruchweisheiten und Humor nach dem Motto: *Humor ist das Salz des Lebens, und wer gut gesalzen ist, bleibt lange frisch.*

2. Die folgende *Erklärung* spricht das analytische, differenzierende Denken der »linken Hirnhälfte« an. Es geht hier im Sinne des positiven Vorgehens vor allem darum, die Realität der Themen mit ihren Krisen und Chancen, mit ihren Licht- und Schattenseiten, mit ihren Störungen und Fähigkeiten zu erfassen nach dem Spruch: *Lernen ist wie Rudern gegen den Strom. Sobald man aufhört, treibt man zurück.*

3. Um die Übertragung auf lebensnahe Situationen und den Schritt vom Allgemeinen zum Besonderen zu erleichtern, wählte ich *Fall-*

*beispiele* aus nach dem orientalischen Spruch: *Man sollte aus den Fehlern der anderen lernen, denn kein Mensch hat soviel Zeit, sie alle selbst zu machen.*

4. Dabei ging es mir vorrangig darum, auf *positive Aspekte* des speziellen Falles im Alter hinzuweisen nach dem Spruch: *Ein Optimist ist ein Mensch, der in Kuckucksuhren nach Eiern sucht.*

5. Unter dem Aspekt *Andere Kulturen* soll der Leser an das transkulturelle Denken herangeführt werden. Vor dem Hintergrund der »Kulturgebundenheit«, die ein Stück »Kulturblindheit« mit sich bringt, werden Sichtweisen fremder Kulturen hinsichtlich der Themen beschrieben nach dem Spruch: *Ein Pessimist ist ein Mensch, der sich bei der Wahl zwischen zwei Übeln für beide entscheidet.*

6. Ziel ist es, über die Bedeutung der Familie und Tradition im Alter auf folgende Lebensbereiche hinzuweisen:
- die psychische und körperliche Gesundheit
- den Beruf
- die Familie
- die Mitmenschen und
- die Zukunft, die auch Fragen nach dem Weltfrieden, dem Sinn des Lebens und dem Leben nach dem Tode umfasst.

All dies nach dem orientalischen Spruch: *Alte Gewohnheiten kann man nicht sofort aus dem Fenster hinauswerfen, sondern man soll sie wie einen netten Gast höflich bis zur Haustür begleiten.*

7. Was will dieses Buch?
- Das Buch ist für einen breiten Leserkreis geschrieben.
- Es will alternative Denkmodelle anbieten für die praktisch tätigen Ärzte, Psychologen und Psychiater, für Psychotherapeuten, Sozialarbeiter, Pädagogen und andere im Gesundheits- und Beratungswesen Tätigen, die täglich in ihrer Arbeit mit Erziehung,

Vorbeugung, Therapie und älteren und alten Menschen unter Einbeziehung der Kultur und deren Auswirkungen konfrontiert werden.

– Es will durch Einbeziehung des positiven Aspekts, des inhaltlichen Ansatzes und der fünfstufigen Behandlungsstrategie Sprachbarrieren überwinden, die Chancengleichheit fördern und die Zusammenarbeit zwischen verschiedenen Fachrichtungen unterstützen, nach dem Spruch: *Wer alleine arbeitet, addiert, wer mit anderen zusammenarbeitet, multipliziert.*

8. Dankbarkeit ist die Erinnerung des Herzens: Kollegen, Patienten und Teilnehmern in Seminaren danke ich für Erkenntnisse, die sie mir im Verlauf meiner psychotherapeutischen und psychosomatischen Tätigkeiten vermittelt haben.

Meinen Mitarbeitern Frau Gülay Bakac und Herrn Horst Kappen danke ich für die sorgfältige Schreibarbeit und Hilfe zur Gestaltung des Buches.

An dieser Stelle möchte ich meine Familie mit Dankbarkeit und Freude erwähnen: Die Enkelkinder befinden sich entsprechend der Geschichte über die vier Jahreszeiten in der Frühlingszeit des Lebens, während meine Söhne Dr. Hamid und Dr. Nawid Peseschkian und die Schwiegertöchter die Sommerzeit des Lebens wahrnehmen. Meine Frau und ich sind in der Herbstzeit unseres Lebens angekommen und es dauert nicht lange, bis wir in die Winterzeit eintreten werden.

Mein besonderer Dank gilt dem Patmos Verlag, vor allem dem Programmleiter, Herrn Dr. Franz-Heinrich Hackel, und der Lektorin Frau Dr. Christiane Neuen sowie Frau Dr. Mathilde Fischer, die mich zur Veröffentlichung dieses Buches ermutigt und motiviert haben.

Während dieses Buch den positiven Umgang mit dem Alter in den verschiedenen Kulturen behandelt, gehen meine Bücher – vor allem *Psychosomatik und Positive Psychotherapie*, *Der Kaufmann und der Papagei*, *33 und eine Form der Partnerschaft*, *Die Treppe zum Glück* (alle erschienen als Fischer Taschenbücher), *Das Leben ist ein Para-*

*dies, zu dem wir den Schlüssel finden können* (als Taschenbuch im Herder Verlag erschienen) und *Was haben Sie auf dem Herzen?* (im Trias-Verlag erschienen) – vorrangig auf psychotherapeutische Fragestellungen und Selbsthilfe ein. Im vorliegenden Buch habe ich mich zur Verdeutlichung auf Konzepte aus meinen früheren Arbeiten bezogen. So ergänzt ein Buch das andere.

***Wir können nicht dem Leben mehr Tage geben,***
***aber dem Tag mehr Leben.***

Professor Dr. med. Nossrat Peseschkian
Wiesbaden, im Juli 2007

# Vorwort

*Das Glück kann man nur festhalten,*
*wenn man es weitergibt.*

*Unterschied zwischen Brunnen und Quellen*

*Der alte Brunnen spendet leise,*
*sein Wasser täglich gleicher Weise.*

*Ich möchte diesem Brunnen gleichen,*
*was in mir ist, stets weiterreichen.*

*Doch geben, geben alle Tage,*
*sag', Brunnen: wird das nicht zur Plage?*

*Da sagt er mir, als Jochgeselle:*
*»Ich bin ja Brunnen nur, nicht Quelle.*

*Mir fließt es zu, – ich geb' es weiter,*
*das macht mein Dasein froh und heiter!«*

*So leb' ich nach des Brunnens Weise,*
*schöpf' täglich Kraft zur Lebensreise*

*und will beglückt stets weitergeben,*
*was mir die Quelle schenkt im Leben.*

Die Persönlichkeitsentwicklung beginnt mit der Geburt: Wir betreten einen Lebensraum, der – wie wir selbst – ständigen Veränderungen unterworfen ist. In der Kindheit beginnt die allmähliche Entwicklung unseres Selbstbewusstseins. In der Pubertät wachsen wir in die Erwachsenenwelt hinein. Als Single werden wir zum Paar. Beruf und Elternschaft wollen von uns gemeistert sein. Dann sehen wir uns mit der Sinnkrise der Lebensmitte und den Wechseljahren konfrontiert. Eine grundsätzliche Umgestaltung unseres Lebens erfordert der Eintritt in den Ruhestand. Im Alter werden wir zur Auseinandersetzung mit der Sterblichkeit und zur Vorbereitung auf den Tod hingeführt.

Für das eigene Wohlergehen ist es von besonderer Bedeutung, wie wir mit den Herausforderungen der einzelnen Entwicklungsphasen umgehen.

Das Beispiel eines 42-jährigen Akademikers mit Depressionen und psychosomatischen Beschwerden verdeutlicht die Folgen einer einseitigen Lebensauffassung: »Von Kind an bin ich auf Leistung gedrillt worden … Der Beruf macht mir sogar Spaß, aber ich habe keine Beziehung zu anderen Menschen. Mit meinen Kindern kann ich auch nicht viel anfangen. Freizeit ist für mich eine Qual.«

Der Bericht als ein Beispiel einseitiger Erziehung macht erfahrbar, was es bedeutet, wenn Leistungsorientierung in unserer heutigen Gesellschaft als gesellschaftlicher Maßstab gilt, dem sich jedes Individuum zu unterwerfen hat. Der übertriebene Fleiß des Akademikers im Beispiel mag als übertriebener Fleiß imponieren, er ist jedoch lediglich eine Sekundärtugend. Denn unsere Zukunft sähe düster aus, wenn wir in dem Irrglauben verharren würden, dass allein materielles Wohlergeben die wichtigste oder gar einzige Voraussetzung für ein glückliches Leben ist. Im Beispiel lag nicht ein Mangel an Energie vor, also eine Schwäche, sondern eine einseitige Aufteilung der Energie auf die verschiedenen für jeden Menschen wichtigen Lebensbereiche. Um uns jedoch genau davor zu bewahren, lediglich in einem einzigen Bereich unseren Lebenssinn zu sehen, müssen wir bestimmte Prinzipien, Lebensgesetze und Werte wiederentdecken.

Die Energie in den verschiedenen Entwicklungsphasen muss kanalisiert und gesteuert werden. Eine zu starke Besetzung einzelner Bereiche und eine mangelnde Besetzung der anderen Bereiche führt zu Konfliktbereitschaften gegenüber der Umwelt. Mit den Folgen dieser

Entwicklung werden alle Bezugspersonen konfrontiert, die jedoch in der Regel über keine Einsicht in deren Bedingungen verfügen. Durch die Öffnung für und die Erweiterung auf alle Bereiche der sozialen Erfahrung wird die eigene Identität gefunden, nicht aber durch den Rückbezug auf sich selbst.
Der Rückbezug auf sich selbst führt eher zu folgenden Störungen und Konflikten:
Identitätskrise; Unsicherheit; Entschlussunfähigkeit; fehlende eigene Leitlinie; fehlender innerer Kompass; Angst; Flucht in die Sexualität, in Leistungsorientierung, in Geselligkeit, in Vereine und Parteien; Enttäuschungen; Schwunglosigkeit; Selbstvorwürfe; Depressionen; Überforderung; Unterforderung; Pensionierungsbeschwerden.

---

**Merke**
**Für Großeltern, Eltern, Erzieher, andere Bezugspersonen und Institutionen stellt sich in den verschiedenen Abschnitten der Entwicklung die wichtige Aufgabe, dem Kind, dem Jugendlichen oder dem Partner die Verarbeitung der Identitätskrise zu erleichtern. Voraussetzung hierfür ist das Vertrauen zwischen den beiden »Parteien«. Es bildet die Basis, auf der man seine Einsicht in die Probleme des anderen erweitern kann. Erst auf dieser Basis des Vertrauens ist man in der Lage, die Entwicklung in den verschiedenen Bereichen zu unterstützen.**

---

## Anregungen zum Standortwechsel

- Jedes Lebensalter ist mit besonderen Ängsten und Problemen verbunden: Kinder, denen keine Freude am Lernen vermittelt wurde, empfinden in der Schule Angst vor Versagen und Prüfungen. In der Jugend empfindet der Mensch Angst vor dem, was er begehrt: vor der Ich-Du-Beziehung zum anderen Geschlecht. Überdies fürchten sich die Jugendlichen davor, von Gleichaltrigen wie von Älteren nicht anerkannt zu werden. In seinen besten Jahren sorgt sich der Mensch um nahezu alles – wie die Anzahl von Versicherungen beweist, die abgeschlossen werden. Dazu zählen die Angst, krank oder arbeitslos zu werden, erworbenen Besitz oder gewonnenen Einfluss zu verlieren. Am Ende seiner Berufslaufbahn entwickelt der Mensch Angst vor seinem Altenteil und hat Sorge, nicht mehr gebraucht zu werden, aus dem Kreis vertrauter Kollegen ausscheiden zu müssen. Er fürchtet sich davor, den gewohnten Lebensrhythmus schlagartig auf null zu senken.

- Jede Lebensphase, jeder Übergang von einem Lebensabschnitt zum nächsten und jeder Einschnitt in eine Lebensphase birgt unbekannte Risiken, die Ängste hervorrufen können. In allen Lebensphasen ist diese Wandlungsangst wahrzunehmen.
- Der Alterungsprozess wird nicht nur von äußeren Faktoren wie Quantität und Qualität der Nahrung sowie der medizinischen Versorgung beeinflusst, sondern auch von seelischen Faktoren, die ihrerseits relativierbar und daher veränderbar sind.
- Dialog der Kulturen: Der vorherrschende einseitige Blick auf das Alter ist kulturell bedingt. Wenn wir bereit wären, andere Denkmodelle einzubeziehen, könnten wir dem Alter eine andere Bedeutung geben und alternative Behandlungsstrategien entwickeln.
- Die Frage, »ob Alter zu psychischen Störungen führt«, beantwortet jede Kultur unterschiedlich. Eine von den Vereinten Nationen herausgegebene Statistik zeigt, dass sich die Situation in Europa wesentlich von der in den Ländern der anderen Kontinente unterscheidet.
- Wissenschaftliche Studien machen deutlich, dass sich Leistungsbereitschaft und Leistungsfähigkeit nicht am Lebensalter festmachen lassen. Sie werden wesentlich von Neugier und der Bereitschaft beeinflusst, sich Neues anzueignen. Diese Bereitschaft ist zu fördern: »Ältere Mitarbeiter haben wichtige Potenziale, die besonders ausgeprägt sind. Sie verfügen über eine tiefgreifende Praxis,

ein breites betriebsspezifisches Wissen, über Routine, Urteilsfähigkeit und Qualitätsbewusstsein. Hinzu kommen ein ausgeprägtes Pflichtbewusstsein, Zuverlässigkeit und ein hohes Maß an Loyalität und Verantwortungsbewusstsein.« (Vgl. Ernst Baumann, Bertelsmann-Stiftung, 2006) Weitere transkulturelle Fähigkeiten und Ressourcen älterer Menschen werden wir in diesem Buch darstellen (vgl. das Balance-Modell).

*Herr – lehre mich die Kunst der kleinen Schritte*

*Ich bitte nicht um Wunder und Visionen, Herr, sondern um Kraft für den Alltag.*

- *Mach mich findig und erfinderisch, um im täglichen Vielerlei und Allerlei rechtzeitig meine Erkenntnisse und Erfahrungen zu notieren, von denen ich betroffen bin.*
- *Mach mich griffsicher in der richtigen Zeiteinteilung. Schenke mir das Fingerspitzengefühl, um herauszufinden, was erstrangig ist und was zweitrangig ist.*
- *Lass mich erkennen, dass Träume nicht weiterhelfen, weder über die Vergangenheit, noch über die Zukunft. Hilf mir, das Nächste so gut wie möglich zu tun und die jetzige Stunde als die wichtigste zu erkennen.*
- *Bewahre mich vor dem naiven Glauben, es müsste im Leben alles glatt gehen. Schenke mir die nüchterne Erkenntnis, dass Schwierigkeiten, Niederlagen, Misserfolge, Rückschläge eine selbstverständliche Zugabe zum Leben sind, durch die wir wachsen und reifen.*
- *Erinnere mich daran, dass das Herz oft gegen den Verstand streikt. Schick mir im rechten Augenblick jemand, der den Mut hat, mir die Wahrheit zu sagen.*
- *Ich möchte Dich und die anderen immer aussprechen lassen. Die Wahrheit sagt man nicht sich selbst, sie wird einem gesagt.*
- *Du weißt, wie sehr wir der Freundschaft bedürfen. Gib, dass ich diesem schönsten, schwierigsten, riskantesten und zartesten Geschäft des Lebens gewachsen bin.*

- *Verleihe mir die nötige Phantasie, im rechten Augenblick ein Päckchen Güte, mit oder ohne Worte, an der richtigen Stelle abzugeben.*
- *Mach aus mir einen Menschen, der einem Schiff mit Tiefgang gleicht, um auch die zu erreichen, die »unten« sind.*
- *Bewahre mich vor der Angst, ich könnte das Leben versäumen. Gib mir nicht, was ich mir wünsche, sondern was ich brauche.*
- *Lehre mich die Kunst der kleinen Schritte!*

Antoine de Saint-Exupéry

*Gebet des älter werdenden Menschen*

*O Herr, du weißt besser als ich,*
*dass ich von Tag zu Tag älter*
*und eines Tages alt sein werde.*
*Bewahre mich vor der Einbildung,*
*bei jeder Gelegenheit und zu jedem Thema*
*etwas sagen zu müssen.*

*Erlöse mich von der großen Leidenschaft,*
*die Angelegenheiten anderer ordnen zu wollen.*
*Lehre mich, nachdenklich*
*(aber nicht grüblerisch),*
*hilfreich (aber nicht diktatorisch) zu sein.*

*Bei meiner ungeheuren Ansammlung*
*von Weisheit erscheint es mir ja schade,*
*sie nicht weiterzugeben – aber du verstehst, o Herr,*
*dass ich mir ein paar Freunde erhalten möchte.*

*Bewahre mich*
*vor der Aufzählung endloser Einzelheiten*
*und verleihe mir Schwingen,*
*zur Pointe zu gelangen.*

*Lehre mich schweigen*
*über meine Krankheiten und Beschwerden.*
*Sie nehmen zu – und die Lust, sie zu beschreiben,*
*wächst von Jahr zu Jahr.*

*Ich wage nicht, die Gabe zu erflehen,*
*mir Krankheitsschilderungen anderer*
*mit Freude anzuhören, aber lehre mich,*
*sie geduldig zu ertragen.*

*Lehre mich die wunderbare Weisheit,*
*dass ich mich irren kann.*

*Erhalte mich so liebenswert wie möglich.*
*Ich möchte kein Heiliger sein –*
*mit ihnen lebt es sich so schwer –,*
*aber ein alter Griesgram*
*ist das Krönungswerk des Teufels.*

***Lehre mich, an anderen Menschen***
***unerwartete Talente zu entdecken,***
***und verleihe mir, o Herr, die schöne Gabe,***
***sie auch zu erwähnen.***

Teresa von Avila

# Die Entwicklung der Positiven Psychotherapie im Rahmen der Gesundheitsförderung

*Sammle die hellen Stunden des Lebens ein*
*und bewahre sie für die dunkle Zeit.*

*Der Blinde und der Lahme*
*Ein Blinder und ein Lahmer wurden von einem Waldbrand überrascht. Die beiden gerieten in Angst. Der Blinde floh gerade aufs Feuer zu. »Flieh nicht dorthin«, rief der Lahme.*
*Der Blinde fragte: »Wohin soll ich mich wenden?« Der Lahme: »Ich könnte dir den Weg vorwärts zeigen, so weit du wolltest. Da ich aber lahm bin, so nimm mich auf deine Schultern, damit ich dir angebe, wie du dem Feuer, den Schlangen und Dornen aus dem Wege gehen kannst, damit ich dich glücklich in die Stadt weisen kann!«*
*Der Blinde folgte dem Rat des Lahmen, und zusammen gelangten die beiden wohlbehalten in die Stadt.*

## Gesunde Kindheit, gesunde Jugend und gesundes Altern

- Eine internationale Studie der Weltgesundheitsorganisation (WHO) zeigt, dass sich immer mehr Jugendliche in Deutschland, Österreich und der Schweiz nicht gesund fühlen. Viele Jugendliche sind in sitzenden Tätigkeiten beschäftigt, immer mehr leiden unter psychosozialen Problemen.
- Bis zu einem Drittel der Jugendlichen klagt über Kopfschmerzen, Schlafstörungen, Erschöpfung – Dinge, die gar nicht in das Bild von Jugend passen. Dies gilt auch für ein erhöhtes Sterberisiko, das einerseits durch Unfälle bedingt ist, aber auch durch eine erhöhte Suizidgefahr.
- In den kommenden fünfundzwanzig Jahren wird der Anteil der über 60-Jährigen an der Gesamtbevölkerung um rund vierzig Pro-

zent ansteigen. Sie bilden dann eine riesige Bevölkerungsgruppe, die besonderer Aufmerksamkeit bedarf. Durch die steigende Lebenserwartung ist das Alter nicht mehr als »Restzeit« anzusehen, sondern als eigenständige Lebensphase von erheblicher Länge, die es zu gestalten gilt. Die Gruppe der älteren Menschen steht damit vor besonderen Herausforderungen; denn es stellt sich die Frage: Was kann getan werden, damit diese Phase gesund erlebt werden kann? Wie kann die Lebensqualität gesteigert und altersspezifischen Beschwerden entgegengewirkt werden?

- Die WHO macht darauf aufmerksam, dass seelische Probleme – insbesondere Ängste und Depressionen – eine große Rolle in den Krankheitsbildern der Zukunft spielen werden. So sind nicht nur ältere Menschen von Depressionen betroffen, sondern auch viele Menschen in der Arbeitswelt und sogar Kinder.
- Psychosoziale Krankheiten werden immer stärker sichtbar. Bereits die End-Zwanziger haben ihr erstes Burn-out. Angstzustände und Panikattacken sind im Vormarsch, und 13-Jährige haben mit Alkoholproblemen zu kämpfen. Es bedarf der Entwicklung neuer Kriterien für die Entscheidung, wo das Individuum Unterstützung braucht und wie wir als Gesellschaft einen Blick für positive Modelle bekommen.
- **Wir müssen ein Gespür für Gesundheit bekommen und verstehen, dass die Wertschätzung der Generationen sehr viel mit dem aktiven Beitrag zur jeweiligen Bevölkerungspolitik und den Zielen des Staatswesens zu tun hat.**

## Fünf Fallbeispiele

▶ Ein 51-jähriger Akademiker mit Depressionen sagt von sich selbst: »Ich war früher sehr autoritär und der Meinung, dass man Kindern den Willen brechen müsse. Deshalb hatten meine Kinder auch zu Hause zu sein, wann ich es wünschte. Ich ließ ihnen keine Möglichkeit, ihren eigenen Stil in Bezug auf Kleidung oder Haarschnitt zu entwickeln. Modische Kleidung duldete ich nicht, und alle hatten die Haare preußisch kurzgeschoren. An der Richtigkeit meines eigenen Verhaltens begann ich zu zweifeln, als unser ältester Sohn Oliver, damals 14 Jahre alt, rebellierte. Er reagierte überhaupt nicht, als ich vor Wut schäumte, weil er zerknitterte Hosen, die üblichen olivgrünen Anoraks und die Haare länger als ein Mädchen trug. Meine Frau versuchte mich davon zu überzeugen, dass ich nachgeben solle, weil das doch zweitrangige Probleme seien. Schließlich war Oliver für drei Wochen verschwunden. Natürlich ließen wir ihn suchen. Und natürlich machte mir meine Frau Vorwürfe. Diese drei Wochen möchte ich nicht noch einmal erleben. Oliver wurde nach drei Wochen von der Polizei aufgegriffen und nach Hause gebracht. Ich wundere mich immer noch, wie es dazu kam, dass ich mich danach zu einem Gespräch mit ihm aufraffte. Dabei ließ ich meine Zweifel durchblicken und war so verunsichert, dass ich im Grunde nur noch ein Rückzugsgefecht führte. Zur Vorbereitung ging ich sogar zu einer Erziehungsberatung.«

- Eine 49-jährige Frau, die unter chronischer Verstopfung und Schlafstörungen litt, berichtet:
  »Wenn ich nicht getan hatte, was meine Mutter von mir verlangte, sagte sie immer ›Ich habe dich nicht mehr lieb!‹ Das hat mir jedes Mal große Angst gemacht. Heute bekomme ich Ärger mit meinem Mann und den Kindern, weil ich so pedantisch bin.«
- Eine 48-jährige Mutter, bei deren 8-jährigem Sohn Unselbständigkeit und Wutausbrüche zu beobachten sind, erzählt:
  »Wenn ich seine Bücher und Hefte für den nächsten Unterrichtstag nicht einpacken und seinen Ranzen nicht aufräumen würde, nähme er garantiert die falschen Sachen oder gar keine mit. Ich möchte dem Kind einfach den Ärger in der Schule ersparen!«
- Ein 52-jähriger Architekt mit Depressionen:
  »Meine Großeltern kommentierten jede eigenwillige Verhaltensweise mit den Worten ›Der liebe Gott sieht alles.‹ Jedes von der Norm abweichende Verhalten galt bei ihnen als Sünde, für die uns der liebe Gott bestrafen würde. Heute will ich von Religion nichts mehr hören.«

▶ Bei einem 56-jährigen Betriebsleiter mit Herzbeschwerden ohne organischen Befund reicht die Beobachtung, dass bei seiner Sekretärin auch wichtige unerledigte Dinge in die Ablage gerieten, um sich von ihr abzuwenden: »Sie ist bei mir unten durch. Am liebsten würde ich alles herunterwerfen, was sich auf ihrem Schreibtisch auftürmt!«

## Fragen zu psychosozialen Normen

- In welcher Form lassen sich die Konflikte angemessen beschreiben?
- Wodurch entstehen Konflikte?
- Welches sind die Ursachen für die Symptome der psychischen und psychosomatischen Störungen und die Einschränkungen in den zwischenmenschlichen Beziehungen?
- Welche Behandlungsmöglichkeiten gibt es für diese Störungen?

Antworten habe ich mit meiner Positiven Psychotherapie gegeben. Seit 1968 entwickle ich dieses Konzept für Selbsthilfe und Psychotherapie. Die Grundzüge und Techniken habe ich in dem Buch *Positive Psychotherapie. Theorie und Praxis einer neuen Methode* umfassend beschrieben.

**Im hier vorliegenden Buch geht es vor allem um die Anwendung dieses Konzepts, bezogen auf die Altersthematik unter dem transkulturellen Gesichtspunkt.**

---

**Merke**

Erkenntnisse aus der Wissenschaft der Kinder:
Kinder sind in dem Augenblick erwachsen,
wenn sie nicht mehr fragen, woher sie kommen,
und wenn sie verschweigen, wohin sie abends gehen.

---

# Der transkulturelle Ansatz der Positiven Psychotherapie in verschiedenen Lebensstufen

*Eigene Erfahrungen sind teuer,*
*fremde Erfahrungen sind kostbar.*

*Der Stein der weisen Frau*
*Eine weise Frau wanderte in den Bergen und fand dort in einem Bach einen wertvollen Edelstein. Am nächsten Tag traf sie einen anderen Wanderer, der hungrig war, und sie öffnete ihren Beutel, um ihr Essen mit ihm zu teilen. Der hungrige Wanderer erblickte den kostbaren Stein, bewunderte ihn und bat die Frau, ihn ihm zu schenken. Die weise Frau tat es, ohne zu zögern.*
*Über sein Glück frohlockend ging der Wanderer davon. Er wusste, der Edelstein war kostbar genug, um ihm für den Rest seines Lebens Sicherheit zu bieten.*
*Doch nach ein paar Tagen kam er zurück und suchte nach der weisen Frau. Als er sie gefunden hatte, gab er ihr den Stein zurück. »Ich habe nachgedacht«, sagte er. »Ich weiß, wie wertvoll dieser Stein ist, aber ich gebe ihn dir zurück in der Hoffnung, dass du mir etwas noch viel Kostbareres schenkst. Kannst du mir das geben, was dich befähigt hat, mir diesen Stein zu schenken?«*

## Positiver Umgang mit Krisen

Es stellt sich die Frage, ob angesichts der unterschiedlichen Faktoren und Bedingungen von Erziehungssituationen – beginnend mit den ökonomischen Bedingungen, der Unzahl von Lebensgeschichten, der Individualität des einzelnen bis zu den Besonderheiten seiner Bedürfnisse – überhaupt eine allgemein gültige Regel für Erziehung und Psychotherapie aufgestellt werden kann. So wie es zwischen den

einzelnen Menschen Unterschiede in ihren Meinungen, Ansichten oder Gedanken gibt, so finden wir auch eine Unzahl von Interessengruppen, Gemeinschaften, Rassen, Völkern und Nationen dieser Welt, die sich durch unterschiedliche Geschmacksrichtungen, Temperamente, Moralauffassungen und Gebräuche unterscheiden. Oft gibt gerade diese Vielfalt der gesellschaftlichen und individuellen Bedingungen den Anstoß für große soziale Konflikte. Muss dann nicht eine Erziehung und Umerziehung, die Psychotherapie, die für alle Gültigkeit besitzen will, zu einem Leisten werden, über den alle geschlagen werden?
Wer die berechtigten Fragen nach dem Sinn des menschlichen Lebens stellt, hat auch nach dem Wesen des Menschen, nach seinem Ursprung und seinem Ziel zu fragen. Ist er gut oder böse? Ist er in seinen Entscheidungen frei? Gibt es eine Erfüllung für seine Sehnsucht nach Glück? Hat er Einfluss auf das Schicksal der Menschheit? Ist mit seinem Tod alles zu Ende?

## Die Entwicklung der Positiven Psychotherapie

Die impulsgebende Motivation für die Entwicklung der Positiven Psychotherapie war sicherlich meine eigene transkulturelle Situation. Denn seit 1954 lebe ich als Perser, als Iraner, in Europa und nutze seither die Gelegenheit, die unterschiedlichen Bewertungen von Verhaltensweisen, Gewohnheiten und Einstellungen in beiden Kulturkreisen wahrzunehmen und sie in meine Arbeit einfließen zu lassen.

- Schon während meiner Kindheit in Teheran konnte ich meine Erfahrungen mit Vorurteilen – vor allem religiöser Art – machen. Meine eigene Betroffenheit, im Spannungsfeld verschiedener religiöser Kulturen aufzuwachsen, regte mich an, über die Beziehungen der Religionen untereinander und die Beziehungen der Menschen zueinander nachzudenken. Aus eigenem Erleben lernte ich, Verhalten aus den familiären und weltanschaulichen Konzepten heraus zu verstehen. Auch während meiner fachärztlichen Weiterbildung konnte ich erleben, mit welcher Vehemenz die unterschiedlichen Auffassungen selbst von Psychiatern, Neurologen, Internisten und Psychotherapeuten aufeinanderprallen können.

- Meine Erfahrungen führten zu der Erkenntnis, dass die transkulturelle Situation den Menschen zu dem macht, was er ist. Der Mensch ist nicht nur als isoliertes Einzelwesen zu begreifen. Seine Beziehungen zu anderen Menschen und seine transkulturelle Situation sind unbedingt zu berücksichtigen.

Da die Positive Psychotherapie sich mit elementaren menschlichen Fähigkeiten beschäftigt, ist sie in der Lage, Menschen aller Sprachen, aller sozialen Schichten und aller Altersstufen anzusprechen und die transkulturellen Probleme wirksam zu verarbeiten. Dafür sucht sie nach Antworten auf die beiden Grundfragen:

*Was haben alle Menschen gemeinsam?*

*Wodurch unterscheiden sich die Menschen?*

## Positiver Umgang mit Menschen aus anderen Kulturen

- Jeder Mensch ist, wenn er geboren wird, kein unbeschriebenes Blatt, sondern vielmehr ein noch unlesbares, ein ungelesenes Blatt.
- Seine Fähigkeiten – Grundlage der Entwicklung des Menschen – bedürfen der Reifung und der fördernden Hilfe durch die Umwelt.
- Problematisch an den Fähigkeiten ist jedoch, dass sie nicht bemerkt werden, wenn sie sich nicht in Leistungen äußern – genau so, wie wir eine schwarze Ameise, die in einer dunklen Nacht auf einem schwarzen Stein sitzt, nicht sehen. Sie ist aber trotzdem vorhanden und kann jederzeit ins Gesichtsfeld krabbeln, wenn die entsprechenden Bedingungen geschaffen sind. Gleiches gilt für die menschlichen Fähigkeiten: Fördernde oder hemmende Bedin-

gungen des Körpers, der Umwelt und der Zeit bestimmen, ob die menschlichen Fähigkeiten im Verlauf der menschlichen Entwicklung zur Ausprägung kommen oder nicht.

- Beschäftigt man sich ausschließlich mit den negativ betonten und pessimistisch gesehenen Erlebnisinhalten des Patienten, so wiederholt man lediglich dessen neurotisches Konzept. Auf kognitiver Ebene denkt der Patient also in solchen Kategorien und Bahnen weiter, die für seine gestörte Konfliktverarbeitung symptomatisch sind.
- Wenn sich die Therapie ausschließlich mit den dramatisch negativen Inhalten beschäftigt, erscheint dem Patienten sein pessimistisches Konzept noch wertvoller und bestärkt ihn damit in einem Bereich, der zu seinem Symptom gehört.
- Durch ein solches Vorgehen wird Einfluss auf die Kommunikationsform genommen: Der Patient fühlt sich aus Gründen der Höflichkeit oder weil er annimmt, dass ein solches Verhalten selbstverständlich sei, dazu verpflichtet, sich lediglich durch die Schilderung unangenehmer Erlebnisse in den Vordergrund zu spielen bzw. positive Verstärkungen bei sich und anderen abzulehnen. Dies ist ein Akt des frommen Selbst- und Fremdbetrugs.
- Aufgabe der Positiven Psychotherapie ist es nicht, alles mit einem positiven Vorzeichen zu versehen. Vielmehr bemüht sie sich um eine Differenzierung des kritischen Verhaltens. Dadurch wird es möglich, konfliktarme oder positive Verhaltensanteile von dem eigentlichen Symptom zu trennen.
- **So wird für den Patienten und seine Umgebung die Basis für einen besseren Umgang mit seinem Problem bereitet. Positiv (lateinisch: positum) bedeutet »das Ganze«, »das Tatsächliche«. Tatsächlich besitzt jeder Mensch ohne Ausnahme neben seinen Problemen und Störungen auch Möglichkeiten, Chancen und Ressourcen.**

## Beispiele für transkulturelles Verhalten im Okzident und Orient

Oft bestehen gegenüber fremden Denk- und Empfindungsweisen emotionale Schranken und Vorurteile. Das Fremde wird als etwas Aggressives und dadurch Bedrohliches erlebt. Es produziert eher Abwehr, als dass es Verständnis fördert.
Die unten aufgeführte tabellarische Gegenüberstellung von Verhaltensweisen in verschiedenen Kulturkreisen zeigt, dass eine Relativierung des Verhaltensbegriffs nicht nur wichtig ist für die Verständigung zwischen Menschen aus verschiedenen Kulturkreisen, sondern auch für die Verständigung zwischen den Generationen und für die Familiendynamik.

| Verhalten/Konzept | West | Ost |
|---|---|---|
| Verbundenheit | Zu große Nähe zur Ursprungsfamilie wird als Bedrohung erfahren. Es wird eine frühe Ablösung, Selbstständigkeit und Autonomie gewünscht. »Ich bin alt genug und kann auf eigenen Füßen stehen!« »Du bist jetzt alt genug und musst wissen, was du tust.« | Die familiäre Verbundenheit wird betont. Eltern schicken ihre Kinder oft mehrere tausend Kilometer weit zur Ausbildung. Sie wissen, dass auch über große Entfernungen durch die »soziale Nabelschnur« eine Abhängigkeit von den Eltern und dem Familienverband unbeschadet bleibt. |
| Krankheit | Ein Kranker möchte möglichst seine Ruhe und wenig Besuch haben. Besuche werden als soziale Kontrolle empfunden. | Der Kranke rückt ganz in den Mittelpunkt. Sein Bett wird ins Wohnzimmer gestellt, und er erhält viel Besuch von Familienmitgliedern, Verwandten und Freunden. Es wird als Beleidigung und mangelnde Anteilnahme angesehen, wenn keine Besucher kommen. |
| Tod | »Ich muss mein Leid alleine tragen«, »Mit meinem Schicksal muss ich allein fertig werden«, »Von Beileidsbesuchen bitten wir Abstand zu nehmen«. | »Geteiltes Leid ist halbes Leid.« Nach dieser Maxime besuchen 8 bis 40 Tage lang alle Verwandten, Freunde, Bekannten und andere Mitmenschen die Hinterbliebenen, um ihnen so das Gefühl der Geborgenheit zu geben. |
| Feierabend | »Das Essen muss fertig sein, wenn mein Mann von der Arbeit kommt. Nach dem Essen setzt er sich dann vor den Fernseher, trinkt sein Bier und liest seine Zeitung! Danach geht er schlafen.« | »Meine Hauptaufgabe ist es, abends für Gäste zu sorgen. Denn mein Mann entspannt sich am besten, wenn er sich mit Gästen unterhält.« |

| Verhalten/Konzept | West | Ost |
|---|---|---|
| Pünktlichkeit | Pünktlichkeit ist wichtig. Unpünktlichkeit gilt als Schwäche und wird getadelt. Eher wird auf den Kontakt mit dem Betreffenden verzichtet, als dass man die Unpünktlichkeit erträgt: »Pünktlichkeit ist die Höflichkeit der Könige.« | Es gibt einen toleranten Umgang mit der Pünktlichkeit. Es wird eher ertragen, dass jemand zu spät kommt, als dass er überhaupt nicht kommt (Kontakt): »Sie sind nicht zu spät gekommen, wir haben zu früh angefangen.« |
| Ordnung | Ordnung wird als Lust der Vernunft angesehen. | Unordnung wird als Wonne der Phantasie betrachtet. |
| Einsamkeit | »Der Starke ist allein am mächtigsten.« Die Fähigkeit, selbstständig, unabhängig und allein zu sein, gilt als Stärke. Es ist normal, alleine spazieren und seinen Gedanken nachzugehen. | Einsamkeit und Rückzug aus dem aktuellen sozialen Geschehen wird als Störung des Verhaltens betrachtet und führt zu Misstrauen: Was ist los mit ihm? Ist er beleidigt? Wir helfen doch, wenn er Kummer hat. |
| Depression | Bei Mitteleuropäern und Nordamerikanern ist zu beobachten, wie sie sich durch fehlenden Kontakt isolieren und unter dem Mangel an emotionaler Wärme leiden. Im Vordergrund der sich dadurch entwickelnden depressiven Verstimmungen stehen Ängste, die sich auf Aussehen, Schönheit, sexuelle Potenz, aber auch auf Ordnung, Sauberkeit und in besonderem Maße auf Sparsamkeit auswirken können. | Depressionen entwickeln sich im Orient durch die Enge der sozialen Verpflichtungen und Verflechtungen der Menschen. Sie fühlen sich überfordert, weil sie der Situation nicht ausweichen können. Fruchtbarkeitsängste, das soziale Ansehen und das Verhältnis zur Zukunft bilden weitere inhaltliche Schwerpunkte. |
| Begrüßung | »Wie geht es Ihnen?« »Danke. Und Ihnen?« Das Ich ist im Abendland der Bezugspunkt der eigenen Identität. Man glaubt, wenn mit dem Ich »alles in Ordnung« ist, hat dies auch positive Folgen für Familie und Beruf. | »Wie geht es Ihnen und Ihrer Familie?« Im Orient gehört die Familie als ein »Wir« zur unmittelbaren Identität und zum Selbstwert einer Person. Wenn es der Familie gut geht, geht es auch mir selber gut. |
| Rücksicht | »Das Spielen ist während der Mittagsruhe verboten!« »Sei nicht so laut, du weißt doch, dass die Nachbarn sich beschweren!« Vor allem Kinder haben darunter zu leiden, dass lautes Verhalten als unhöflich, ungehorsam und rücksichtslos gilt. | Die verbale Betätigung ist weitaus lustbesetzter und weniger durch Regeln und Normen eingeschränkt. Es ist normal, wenn Kinder sich laut verhalten. Auf Nachbarn muss weniger Rücksicht genommen werden. Sie stören sich im Allgemeinen nicht an Kinderlärm. Auch Erwachsene dürfen laut sein und singend durch die Straßen gehen, ohne als »verrückt« zu gelten. |
| Wahl des Ehepartners | Als Zeichen der Selbstständigkeit und des Erwachsenseins wählt man sich aus eigener Entscheidung einen Partner. | Die Großfamilie lenkt auch die Wahl des Ehepartners. Das Kontinuum der Familientradition wird bei einer neuen Ehe schon dadurch erhalten, dass die Ehe im Einklang mit der Familie angebahnt und geschlossen wird. |

| Verhalten/Konzept | West | Ost |
|---|---|---|
| Hochzeit | Hochzeit wird eher als Verwaltungsakt angesehen. Durch den Verzicht auf großen Aufwand soll die Unabhängigkeit und Ablösung von den elterlichen Bindungen dokumentiert werden. Als Folge übersteigen die Hochzeitsfeiern weder den finanziellen Rahmen der Brauteltern noch den der Brautleute. | Als Tribut an den hochgehaltenen sozialen Kontakt und die Großfamilie wird oft ein Fest mit mehreren hundert Gästen gefeiert. Die Hochzeit selbst erfolgt vor einer großen Anzahl von Zeugen. Die Folgen sind jahrelange finanzielle Verpflichtungen des Ehemannes, die eine gewisse Schutzfunktion für die Frau mit sich bringen. Andererseits ist sich dadurch der Mann der verstärkten moralischen Verpflichtung seiner Frau ihm gegenüber sicher. |
| Schwiegereltern-Konflikte | Die selbstständige Partnerwahl hat vielfältige Folgen. So müssen sich die Eltern auch dann mit den vollendeten Tatsachen abfinden, wenn sie mehr oder weniger offen gegen die Ehe opponieren. Schwiegereltern und Schwiegersohn bzw. -tochter müssen sich erst aneinander gewöhnen. Reibungspunkte versucht man zu vermeiden, indem man räumliche Distanz schafft. Besonders schwierig wird es, wenn die Schwiegereltern ihre Tochter bzw. ihren Sohn im Konfliktfall moralisch zwingen, Partei zu ergreifen oder sich aktiv in die Probleme des Paares einmischen. | Da sich die Eltern und andere Verwandte bei der Auswahl des Ehepartners aktiv einbringen, können sie einen Partner auswählen, der am ehesten ihren Erwartungen entspricht. Hier entstehen die Konflikte aus der engen Verbundenheit der Kinder mit ihren Eltern, die auch nach der Eheschließung besteht. Eltern-/Schwiegereltern-Rivalitäten werden durch die traditionsgemäß vorgeschriebenen positiven Beziehungen zu den Schwiegereltern aufgefangen. Schwiegermutter-/Schwiegertochter-Konflikte vollziehen sich unter der Decke betonter Höflichkeit. Bei offenen Streitigkeiten bilden Mutter und Sohn eine Allianz. |
| Treue | Treue wird oft als Unterdrückung der Persönlichkeit, als Einschränkung des Lustprinzips oder als Mangel an Gelegenheiten gesehen. Es gibt bei beiden Geschlechtern den Flirt bis hin zum Geschlechtsverkehr vor und während der Ehe. Wer Treue fordert, gilt als »verklemmt«. | Vor allem der Treue der Frau wird großes Gewicht beigemessen. Dazu gehört auch die sexuelle Enthaltsamkeit vor der Ehe. Früher richtete der Mann alleine über Zusammenleben oder Trennung; die Frau war abhängig von seiner Entscheidung. Heute bricht die studierte, selbstständige orientalische Frau mit dieser Tradition. Nun kritisiert die Frau die früher geduldeten außerehelichen Abenteuer des Mannes und fordert gestärkt durch ihre wirtschaftliche Unabhängigkeit – die Trennung. |

| Verhalten/Konzept | West | Ost |
| --- | --- | --- |
| Untreue | Die Motive für Untreue sind sehr unterschiedlich. Man ist untreu aus Gründen der Selbstbestätigung oder der Gerechtigkeit. Oder man betrachtet das Ganze als Gesellschaftsspiel. In den Städten ist Untreue aufgrund der größeren Anonymität eher möglich als in ländlichen Gebieten, wo jeder jeden kennt. | Der Mann heiratet oft eine hausmütterliche Frau, die sein körperliches Wohlbefinden in jeder Weise sichert. Von einer modernen, gebildeten und intelligenten Frau kann er das nicht unbedingt erwarten. Trotz der traditionsgebundenen und juristischen Bindung an die Ehefrau besteht – als Gewinn für das Selbstwertgefühl – der Wunsch, die Traumfrau zu erobern. Dieses Motiv für Seitensprünge ist nicht nur eine Notlösung. |
| Wechseljahre | Nachdem die Mutter und Ehefrau zugunsten der Familie eigene Ziele zurückgestellt hatte, kann sie sich nun auf die eigene Person besinnen. In diesem Lebensabschnitt hat sie die Chance, Selbstbestätigung außerhalb der Familie zu finden. Dafür entwickelt sie eigene Interessen und knüpft neue Kontakte. Eine neue und wesentliche Aufgabe für die Frau ist auch die Rolle als Großmutter. Die europäische Großmutter hat eine mehr funktionale Bedeutung, indem sie die Enkel der berufstätigen oder geschiedenen Mutter betreut. | In östlichen Kulturkreisen reagieren Frauen auf die Wechseljahre oft mit einer überschießenden Mütterlichkeit. Um die Abhängigkeit der Kinder zu betonen, werden Schwierigkeiten der Kinder ebenso ängstlich registriert, wie die Erfolge der Kinder als eigene Erfolge gefeiert werden. Um den Bruch, den die Wechseljahre bedeuten, erträglicher zu machen, erstreben viele Frauen in diesem Alter noch eine Schwangerschaft. Mit dem Nesthäkchen erhalten sie sich jung und beweisen auf diese Weise, dass sie noch eine vollwertige Frau sind. So erhält das Leben einen Sinn und die Möglichkeit, Verantwortung zu tragen. Die Frau als Großmutter ist der natürliche Anziehungspunkt der Enkel innerhalb der Großfamilie. |
| Scheidung | Als hauptsächliche Scheidungsgründe gelten vorwiegend die Untreue des Mannes, sein mangelndes Engagement für Frau und Familie oder Selbstständigkeits- und Freiheitswünsche der Frau. | Reicht eine Frau die Scheidung ein, so ist der Grund meist Kontaktfeindlichkeit, Isolation oder die schlechten Beziehungen des Ehemannes zur Familie der Frau. |
| Beziehung zur Zukunft | Die Zukunft wird gut geplant. Sparsamkeit ist wichtig, das Geld wird nach bestimmten Prioritäten eingeteilt. Hausbau und der Abschluss zahlreicher Versicherungen werden als Zukunftsvorsorge großgeschrieben. | Die Beziehung zur Zukunft ist unkompliziert. Das Geld wird für die Erziehung der Kinder und für Gäste ausgegeben, was Rücklagen unmöglich macht. Durch diese Investitionen werden jedoch Verpflichtungen geschaffen, die in Notsituationen eingelöst werden. Die im Alter oft mittellosen Eltern können dann an ihre Kinder oder ehemaligen Gäste appellieren. Diese wechselseitige Hilfsbereitschaft funktioniert erstaunlich gut. Das Familienkollektiv hat damit eine Rolle, die der Sozialversicherung ähnlich ist. |

| Verhalten/Konzept | West | Ost |
| --- | --- | --- |
| Trauer | Auf den Tod eines Menschen, der unvorbereitet aus dem Leben gerissen wurde, wird bestürzter reagiert als auf den Tod eines Menschen, mit dessen Ableben man gerechnet hat. »Er ist viel zu früh gestorben.« »Wir hatten noch so viel vor.« | Hier führen Trauerrituale zu exzessiven Trauerausbrüchen am Totenbett des Verstorbenen, die oft auch noch von Klageweibern unterstützt werden. Der Trauernde schlägt sich jammernd mit den Fäusten, rauft sich die Haare und klagt Gott und die Menschen an. |
| Trennungsangst | Erwartungen oder Übertragungen werden meistens auf einzelne Personen oder kleine Gruppen gerichtet. Da nur eine begrenzte Zahl von Gästen eingeladen wird, überträgt man auf jeden einzelnen eine große Erwartung. Die Enttäuschung ist groß, wenn jemand absagt oder nicht kommt. »Warum möchte er nicht zu uns kommen? Ist es ihm nicht gut genug bei uns?« »Wer so unzuverlässig ist, den können wir nicht mehr einladen.« | Die Ablösung der einfachen Übertragung durch eine multiple Übertragung stellt eine gesellschaftlich anerkannte Rückversicherung gegenüber Trennungsängsten dar. Man lädt grundsätzlich viele Gäste ein. Kommt dann jemand zu spät oder bleibt ganz weg, so garantiert die Anwesenheit der anderen Gäste den Erfolg des Abends. Andererseits lädt man bewusst Menschen ein, deren Nichterscheinen eine große Enttäuschung bedeutet. |
| Kaufen/Verkaufen | Das Kaufhaus steht als Beispiel dafür, dass Kaufen und Verkaufen von jeder persönlichen Note befreit wurden. | Im Basar steht der kaufmännische Gewinn gleichbedeutend neben den Ritualen des Handelns und des zwischenmenschlichen Kontakts. |
| Lernen | Man erweitert seinen Wissenshorizont durch das Lesen von Büchern. | Wissen wird durch Gespräche und Kontakte vermittelt. |

## Positiver Umgang mit der Weltkrise

*Ein Mensch blickt in die Zeit zurück*
*und sieht, das Unglück war sein Glück.*
Eugen Roth

Die weltweite Krise unserer Kommunikation hat fast das Ausmaß einer Epidemie angenommen. Im Kleinen, im Mikrokosmos, erleben die Partner in der ehelichen Kommunikation auch nach langen Ehejahren den Schmerz gegenseitigen Missverstehens und Nichtbeachtens. In den Familien leiden Eltern und Kinder unter der nahezu fehlenden oder ausgesprochen oberflächlichen Art der Kommunikation. Im Großen, im Makrokosmos, herrschen in der Kommuni-

kation zwischen Regierungen und ihren Völkern gegenseitiges Misstrauen, Beschimpfung, Betrug und Feindseligkeit vor.
Dies ist vielleicht der Grund dafür, dass es eine beispiellose Kommunikationskrise zwischen den Supermächten gab – ein Zustand, der leicht mit der Zerstörung allen Lebens auf diesem Planeten hätte enden können. Während Dutzende von Kriegen und bewaffneten Auseinandersetzungen auf der Erde stattfinden, gibt es zur gleichen Zeit aber auch eine Vielzahl von Menschen, die den Weltfrieden befürworten und das, obwohl sie selber skeptisch, misstrauisch und voll innerer Abwehr gegenüber der Verwirklichung dieser Idee sind. Diese Gleichzeitigkeit von Widersprüchen ist ein Grund, warum es so schwierig ist, mit den normalen demokratischen Mitteln die Weltkrise der Gegenwart unter Kontrolle zu bekommen.

## Krisen als Zeichen von Einseitigkeiten

Politische Krisen, die zu einem Weltkrieg führen könnten, versuchen die Staatsmächte mit den ihnen zur Verfügung stehenden Machtmitteln zu beherrschen. Spitzt sich eine wirtschaftliche Krise zu, wird versucht, ihrer mit ökonomischen Mitteln Herr zu werden. Es wäre genauso logisch, die Krise »religiös« zu nennen und eine Lösung vom Einfluss der Religion zu erhoffen. In Wirklichkeit ist eine Krise gleichzeitig politisch, wirtschaftlich, psychologisch, medizinisch, wissenschaftlich und religiös; aber die Menschheit hat kein verantwortliches maßgebendes Machtmittel, das alle Faktoren aufeinander abstimmen und einen weltweiten Plan dazu ins Leben rufen könnte. Es verwundert nicht, dass viele Menschen dieser mangelnden Fähigkeit im Umgang mit Vielfalt ratlos gegenüberstehen. Meiner Ansicht nach haben Politiker, religiöse Führer, Wissenschaftler und jeder einzelne Mensch die Aufgabe und Verantwortung, am Weltfrieden zu arbeiten.

## Der Beitrag der Politiker

Die Handlungen eines Menschen werden dadurch mitbestimmt, zu welcher Zeit er in welcher Kultur aufgewachsen ist, welches Maß an emotionaler Wärme und Vorbildern er durch sein Familiensystem empfangen hat, welche Beziehungen er zu seinen Mitmenschen entwickeln konnte und welche Bedeutung Menschen für ihn haben. Weiterhin sind für seine Handlungen die Sinnvorstellungen, die er aus seiner Religion und Weltanschauung erhält, sowie das Instrumentarium an Wissenschaft und Technologie, das ihm zur Verfügung steht, ausschlaggebend. All diese Bedingungen gelten selbstverständlich auch für die Handlungen eines Politikers.
Weil der Mensch als soziales Wesen sein Leben nur zusammen mit anderen Menschen gestalten kann, kommt jedem auch ein politisches Mandat zu; denn Aufgaben lassen sich delegieren, Verantwortungen aber nicht. Dieses Verhältnis lässt sich auch auf die Sprache übertragen: Es ist wichtig, dass jeder seine Muttersprache beibehält, aber er sollte auch eine Sprache sprechen können, mit deren Hilfe er sich mit den anderen verständigen kann. Als Metakommunikation, als Kommunikation über Konflikte, versucht die transkulturelle Psychotherapie eine solche »Sprache« zu erreichen.

## Der Beitrag der religiösen Führer

Auch wenn in der heutigen Zeit immer noch die Tendenz besteht, Religion zu ignorieren – auch wenn sich hier ein Wandel abzuzeichnen beginnt, so lässt sich nicht bestreiten, dass Religion im Sinne von Moraltradition, aber auch im Sinne eines aktiven Glaubensbekenntnisses das Leben des Einzelnen bis in die privaten und intimsten Bereiche beeinflusst. Ohne auf eine inhaltliche Analyse der einzelnen Religionen einzugehen, können wir sagen, dass ihre Grundanliegen trotz aller Unterschiede gleich sind. Die funktionalen Theorien der Soziologie und Psychologie lehren, dass auch Religionen mit ihren institutionellen Strukturen Funktionen erfüllen. Die Religion als Institution muss ein praktisches Bedürfnis der Gesellschaft und des Einzelmenschen erfüllen. Wenn sie keinen Sinn und keine Aufgabe hat, wird sie aufhören zu existieren oder, wie es leider häufig der Fall ist, versuchen, sich durch Fixierungen und Dogmatisierung über die Zeit zu retten. Dieser Funktionswandel ist jedoch nur vor dem Hintergrund des grundlegenden Prinzips der Entwicklung, der Dimension »Zeit«, zu sehen.

*Lerne zu unterscheiden zwischen Glaube, Religion und Institution.*

## Der Beitrag der Wissenschaftler

Im Gegensatz zur Religion, die dem Menschen Werte, Ziele und Sinn aufzeigt (Sinngebung), sucht die Wissenschaft nach Erklärungen und stellt logische Gesetzmäßigkeiten her (Sinnfindung). Eine Vielzahl von Wissenschaften nähern sich der Wirklichkeit mit unterschiedlichem Blickwinkel. Zwischen den einzelnen Wissenschaften mit ihren Ansprüchen auf Absolutheit des eigenen Systems herrscht Konkurrenz ebenso wie die Rivalität zu anderen Systemen. Diese Zusammenhänge zeigen auch, dass die Vorentscheidungen einer Wissenschaft, ihr Themengebiet, ihre Fragestellungen und Methoden von geschichtlichen, gesellschaftlichen, weltanschaulichen und religiösen Voraussetzungen abhängig sind. Die Menschheit ist nicht nur durch die geografischen Verbindungen zu einer funktionellen Einheit geworden; vielmehr hängen die Elemente ihrer Zivilisationsstruktur voneinander ab. So sind etwa Politik, Handel, Erziehung, Wissenschaft, Philosophie, Psychologie und Religion durch ein Netz von Beziehungen miteinander verknüpft. Praktisch wirkt sich dieser Sachverhalt so aus, dass die Wissenschaft nicht mehr Sache der Wissenschaftler ist und Erziehung nicht nur Sache der Eltern. Alle Bereiche treten in irgendeiner Weise miteinander in Beziehung (Globalisierung). Daraus folgt, dass die heutige Situation angesichts der

Gefahr der unmenschlichen Verselbstständigung der technischen Entwicklung ein Zusammenwirken aller Bereiche erforderlich macht.

*Nichts hindert uns, die Weltordnung der Naturwissenschaft und den Gott der Religion zu identifizieren.* Max Planck, 1858–1947, deutscher Physiker, Begründer der Quantentheorie, Nobelpreisträger 1918

## Der Beitrag des Einzelnen

Die Familie, als unmittelbare Umgebung eines Menschen, in der er aufwächst, prägt seine Eigenarten, Ansichten und Werturteile. Über die Spielregeln, die ein Mensch in seiner Familie erworben hat, und über die gemeinsamen Wertschätzungen, die als Gruppenziele eine Gesellschaft zusammenhalten, wird die Kontinuität einer Gesellschaft erhalten. In diesem Spannungsfeld kulturspezifischer, weltanschaulicher, religiöser und wissenschaftlicher Sinnangebote steht der einzelne Mensch. Er kann zwischen den Mühlsteinen miteinander konkurrierender Systeme zermahlen werden, wenn er sich nicht mit einem System identifiziert. Ist er dazu aber in der Lage, ergibt sich daraus, dass er selbst in diese Einheit eingegliedert ist und sich gewissen Ordnungen, Naturgesetzen und Regeln beugen muss. Darüber hinaus ergibt sich aus der Fähigkeit des Menschen zur Unterscheidung und weil er eben nicht passiv der Natur untergeordnet ist, seine Verantwortung, sein Schicksal innerhalb seiner gegebenen Möglichkeiten aktiv selbst zu bestimmen.

***Viele kleine Leute aus vielen kleinen Orten, die viele kleine Dinge tun, werden das Gesicht der Welt verändern.***

***Wenn zwei Menschen je einen Apfel haben und ihn austauschen, bleibt jedem danach ein Apfel. Wenn dieselben je eine Idee haben und sie austauschen, bleiben jedem zwei Ideen.***

*Keine Zukunft vermag gutzumachen,*
*was in der Gegenwart versäumt wird.*
Albert Schweitzer

## Neue Aufgaben im Zeitalter der Globalisierung und Radikalisierung

- Extreme Armut ist nach Auskunft der Weltbank eine Tatsache, mit der sich ungefähr 1,1 Milliarden Menschen konfrontiert sehen. Pro Tag hat jeder dieser Menschen weniger als 1 US-Dollar zur Verfügung.
- Wir stehen voll und ganz hinter der Forderung, dass Armut beseitigt werden muss, und sind schon lange der Ansicht, dass Entwicklungsbemühungen, die, ohne Beteiligung der Bevölkerung, nur übergestülpt werden, als solche fast immer scheitern.
- Nur wenn das geistige Prinzip der Einheit der Menschheit von allen Menschen angenommen wird, kann ein aufrichtiges Geben und Nehmen, das für ein erfolgreiches Entwicklungsprogramm notwendig ist, Früchte tragen.

Kein einziges der verschiedenen kulturellen Systeme, keine einzige Lebensform ist an und für sich gut. Ihre Qualitäten erweisen sich erst darin, welche Auswirkungen sie auf die Menschen haben, die in ihnen leben, und inwieweit ihre Spielregeln eine konstruktive Auseinandersetzung mit anderen soziokulturellen Systemen und ihren Angehörigen zulassen. So bleibt manches, was die Angehörigen der verschiedenen kulturellen Systeme voneinander lernen könnten – und wenn es nur das wäre, dass sie einander verstehen lernten.
Diese transkulturellen Überlegungen und die Vorstellung, dass die verschiedenen individuellen Konzepte in vieler Hinsicht den transkulturellen Konzepten entsprechen, ermöglichen auch, den unterschiedlichen Umgang mit Krankheiten und Störungen zu deuten. Nehmen wir zunächst die organischen Krankheiten, beispielsweise ein Karzinom. Diese Krankheit hat einen eng umschriebenen orga-

nischen Befund und aufgrund bisheriger Erfahrungen eine äußerst ungünstige Prognose. Dennoch können wir beobachten, dass die Betroffenen unterschiedlich auf ihre Situation reagieren und ihre Krankheit unterschiedlichen Wertsystemen zuordnen. Wir können Patienten beobachten, die sich verzweifelt gegen die Krankheit auflehnen, keine Einsicht in die scheinbare Sinnlosigkeit ihrer Krankheit erhalten oder resignierend und passiv ihren Tod erwarten. Umgekehrt finden wir Patienten, die trotz oder wegen ihres Leidens schöpferisch tätig oder sogar in der Lage sind, ihre Ärzte, Therapeuten und Pfleger zu trösten oder den Menschen in ihrer Umgebung zu helfen, mit ihren eigenen Todesängsten umzugehen. Mit anderen Worten: Je nach den verschiedenen Konzepten können selbst schwerste Krankheiten unterschiedliche subjektive Bedeutung erhalten und das subjektive Lebensgefühl und Lusterleben beeinflussen. Dies ist besonders deutlich bei psychischen und psychosomatischen Störungen zu beobachten, bei denen der Erlebensaspekt im Vordergrund steht.

## Fazit und Konsequenzen

- Krankheitsvorstellungen müssen mit dem transkulturellen Blick gesehen werden.
- Sprachliche Probleme sind nur »die Spitze des Eisberges«.
- Verständigungsprobleme und das mangelnde Verständnis von Krankheitsursachen und -prozessen führen zum vermehrten Einsatz technischer Mittel.

Im Bereich der Psychosomatik ermöglicht das Modell der Positiven Psychotherapie die sich auf verschiedenen Ebenen gegenseitig ergänzenden milieutherapeutischen Eingriffe, familien- und psychotherapeutischen Interventionen und Selbsthilfeaktivitäten. Darüber hinaus öffnet sich der Blick auf einen Bereich, der nicht mehr nur Domäne des Therapeuten ist, sondern politische und wirtschaftliche Belange betrifft, die die gesellschaftlichen Rahmenbedingungen des menschlichen Zusammenlebens im Sinne einer umfassenden Psychosomatik weitgehend definieren. Wegen des immer engeren Kontakts zwischen den Generationen und Kulturen kann man sich nicht mehr auf die Sicherheit des eigenen kulturellen Hintergrunds verlassen, sondern muss im Sinne der »transkulturellen Psychosomatik« andere Denkmodelle einbeziehen, von den Mitgliedern anderer Kulturen lernen und sein eigenes Konzept damit erweitern. Die Ausgestaltungen der Sphären des Individuums, der Wissenschaft, der Kultur und der Religion/Weltanschauung formen das Menschenbild, das als Maßstab, Verhaltensregulator, ethische Norm, Orientierungshilfe und Prototyp der Selbst- und Fremdwahrnehmung fungiert. Nicht nur unsere Erwartungen an uns selbst und an die anderen werden von unserem Menschenbild bestimmt, sondern auch unsere Bereitschaft, was wir uns und anderen an Fähigkeiten und Qualitäten zugestehen.

In der Regel findet der Mensch seine Orientierung und Sicherheit nur in seiner konkreten, fassbaren Umgebung. So sucht er Selbstbestätigung in körperlichen Aktivitäten, beim Partner, im Kontakt zu Gruppen, die sich in ihrer Substanz bestätigen, indem sie sich gegenüber anderen Gruppen absetzen und profilieren. In Bezug auf Sicherheit und Orientierung besteht auch ein Trend zu Ersatzreligionen. Dazu zählen wir die sogenannten Jugendreligionen und die einseitige Neigung zu Astrologie, Parapsychologie oder Esoterik ebenso wie die »kleinen Ersatzreligionen«, zu denen jede einseitig hochstilisierte Überzeugung, jede verabsolutierte Werthaltung werden kann.

**Diese Suche des Menschen nach einer neuen, gültigen Orientierung bringt wiederum eine Wechselbeziehung von Ursache und Wirkung mit sich. Indem das kulturell, gesellschaftlich, politisch und religiös enttäuschte Individuum Zuflucht und Hilfe in seiner Privatwelt sucht, multipliziert es durch diese Verhaltensweise wiederum die kollektiven Probleme.**

**Merke**

*Nur den Samen*

*Ein junger Mann betrat im Traum einen Laden. Hinter der Theke stand ein älterer Mann. Hastig fragte er ihn: »Was verkaufen Sie, mein Herr?« Der Weise antwortete freundlich. »Alles, was Sie wollen.« Der junge Mann begann aufzuzählen. »Dann hätte ich gerne die Welteinheit, den Weltfrieden, die Abschaffung von Vorurteilen, Beseitigung der Armut, mehr Einheit und Liebe zwischen den Religionen, gleiche Rechte für Mann und Frau … und … und«. Da fiel ihm der Weise ins Wort: »Entschuldigen Sie, junger Mann, Sie haben mich falsch verstanden. Wir verkaufen keine Früchte, wir verkaufen nur den Samen.«*

*Denkst Du an ein Jahr, säe ein Korn!*
*Denkst Du an ein Jahrzehnt, pflanze einen Baum!*
*Denkst Du an ein Jahrhundert, erziehe einen Menschen!*
Orientalische Weisheit

## Das Prinzip der Hoffnung im Alter unter dem Positiven Menschenbild

*Wo Angst ist, ist auch Hoffnung.*

*Das Geheimnis der vier Kerzen*

*Es war ganz still.*
*So still, dass man hörte,*
*wie die Kerzen zu reden begannen.*

*Die erste Kerze seufzte und sagte:*
*»Ich heiße Frieden, sie wollen mich nicht.«*
*Ihr Licht wurde immer kleiner und verlosch schließlich.*

*Die zweite Kerze flackerte und sagte:*
*Ich heiße Glauben. Aber ich bin überflüssig.*
*Die Menschen wollen von Gott nichts wissen.*
*Es hat keinen Sinn mehr, dass ich brenne.«*

*Ein Luftzug wehte durch den Raum, und die zweite Kerze war aus.*
*Leise und traurig meldete nun die dritte Kerze sich zu Wort:*
*»Ich heiße Liebe. Ich habe keine Kraft mehr zu brennen.*
*Die Menschen stellen mich an die Seite.*
*Sie sehen nur sich selbst und nicht die anderen,*
*die sie lieb haben sollten.«*

*Und mit einem letzten Aufflackern war auch dieses Licht ausgelöscht. Da kam ein Kind ins Zimmer. Es schaute die Kerzen an und sagte: »Aber, aber, ihr sollt doch brennen und nicht aus sein!«, und fast weinte es.*
*Da meldete sich auch die vierte Kerze zu Wort: »Hab keine Angst. Ich heiße Hoffnung!« Das Kind nahm Licht von dieser Kerze und zündete die anderen Lichter wieder an.*

## Gesellschaftliche Veränderungen und das Menschenbild

*Jedes Zeitalter hat seine eigenen Probleme*
*und jede Seele ihre besondere Sehnsucht.*
Aus den Bahaí-Schriften

- Unwillkürlich übernimmt jeder Mensch von seiner Umgebung, seiner Familie, den Mitschülern und Lehrern nicht nur technische Fertigkeiten, sondern auch einen großen Teil der Lebensauffassung oder Weltanschauung. Die eigenen Urteile, die man sich allmählich über die Menschen, über die wirtschaftlichen Zustände, über den Staat, die Politik und Religion macht, werden hauptsächlich durch das beeinflusst, was man in seiner eigenen Umgebung wahrnimmt. Das gilt selbst dann, wenn man sich in bewusstem Gegensatz zu seiner Umgebung entwickelt.
- Die Gesellschaft wirkt als wesentlicher Träger bewertender und beurteilender Verhaltensnormen. Verschiedene Gesellschaften zeigen unterschiedliche Wertmaßstäbe, die wiederum abhängig von der jeweiligen Zeit sind. Auch innerhalb einer Gesellschaft variieren die Wertvorstellungen je nach der Gruppe, der man sich zugehörig fühlt. Heutzutage scheint es keine allgemein verbindlichen Kriterien für die Richtigkeit eines Wertmaßstabes zu geben.
- So, wie sich Kulturen von einander unterscheiden, so unterscheiden sich auch die Menschen in ihnen. Es unterscheiden sich Interessengruppen, Familiengruppen, Generationsgruppen und Geschlechter. Es unterscheiden sich aber auch die einzelnen Menschen untereinander. Lebensgeschichtliche, familiäre und kulturelle Bedingungen führen zu einer unterschiedlichen Entwicklung.

Im Bereich der Familie begegnen wir einer analogen Differenzierung. Die Großfamilie, in der mehrere Generationen vertreten sind, prägte einst das Familienbild der vorwiegend traditionsgelenkten Gesellschaften. Die Kleinfamilie ist das heute vorherrschende Familiensystem. Hier leben zumeist nur die Eltern mit ihren Kindern zusammen. Die Großeltern gehören im engeren Sinne nicht mehr zu dieser familiären Einheit. Sie treten häufig nur noch in Teilfunktionen in Erscheinung, etwa als Babysitter. Die Entwicklung der Kleinfamilie hat eine Funktionsteilung zur Folge, die damit beginnt, dass ein Kind in der Klinik geboren und von Säuglingsschwestern versorgt wird. Die Erziehung wird teils vom Vater, teils von der Mutter oder manchmal auch von den Großeltern übernommen. Im weiteren Verlauf wird die Erziehung auch auf eine Anzahl von Institutionen übertragen, wie einem Babysitter, dem Kindergarten, der Schule, dem Internat, der Traueninitiative. Eine solche Differenzierung der Erziehungsfunktionen besitzt nicht unbedingt negativen Charakter. Sie bringt jedoch ihre eigenen typischen Probleme mit sich, die in der bewussten Erziehung Berücksichtigung finden müssen. Stellen wir die Veränderung der sozialen Umwelt in Rechnung, folgt daraus, dass Erziehung und Therapie nicht mehr in der Weise erfolgen können wie in früheren Zeiten.

## Mehrgenerationenhäuser in Deutschland

In jüngster Zeit ist zu beobachten, dass der Deutsche immer häufiger in seinen eigenen oder gemieteten vier Wänden bleibt. »Back home« (zurück nach Hause) nennen Experten diesen Trend, der zur Freude der Möbelindustrie erhebliche Investitionen nach sich zieht. Nur noch ein Prozent der Bevölkerung wohnt mit drei Generationen unter einem Dach. Eine Vielzahl von Menschen kann sich jedoch eine Rückkehr zum einst Üblichen gut vorstellen, weil sie gerne gemeinschaftlich leben wollen. Eine Studie ergab, dass sich immerhin zwölf Prozent der Deutschen ein Haus wünschen, in dem man mit der Großfamilie zusammenkommen kann, aber nicht muss. In Heidelberg gaben im März 2007 bei einer Befragung durch die Stadtverwaltung 70 Prozent der Bürger an, sie könnten sich vorstellen, später einmal in einem Mehrgenerationen-Haus zu wohnen. Doch was steckt hinter diesem neuen Schlagwort »Mehrgenerationen-Haus«, das seit einiger Zeit im Umlauf ist? Mehrgenerationen-Häuser haben eigentlich nichts mit Zusammen-Wohnen zu tun, sondern sie haben eher den Charakter einer Begegnungsstätte für Jung und Alt. Durch ein Mehrgenerationen-Haus sollen die nachbarschaftlichen Netzwerke gestärkt werden. Die Bundesregierung unterstützt den Bau von Mehrgenerationen-Häusern mit einem Aktionsprogramm. Bis Ende des Jahres 2007 soll in jeder kreisfreien Stadt und in jedem Landkreis eines stehen; 439 in ganz Deutschland. Kommunen müssen hierfür einen Antrag stellen (Infos im Netz unter: www.mehrgenerationenhaeuser.de).

## Was haben alle Menschen gemeinsam, und wodurch unterscheiden sie sich?

Jeder Mensch verfügt über Erkenntnisfähigkeit und Liebesfähigkeit (Emotionalität). Diese Fähigkeiten sind unabhängig von seinen Entwicklungsmerkmalen wie Alter, Geschlecht, Rasse, Klasse, Typologie, Krankheiten oder soziale »Abnormitäten«. Diese Auffassung bildet die Grundlage des Konzepts der Positiven Psychotherapie. Die Positive Psychotherapie geht weiterhin davon aus, dass die Erkenntnisfähigkeit durch die einander ergänzenden Fähigkeiten des Lernen- und Lehren-Könnens gebildet wird. Mit Hilfe der Erkenntnisfähigkeit können Erfahrungen gemacht und weitergegeben werden. Sie bildet den Ausgangspunkt für die Entwicklung der Sekundär-Fähigkeiten. Dazu zählen Ehrlichkeit, Gerechtigkeit, Höflichkeit, Leistung, Ordnung, Pünktlichkeit, Sauberkeit und Sparsamkeit.
Zu beiden Bereichen der Erkenntnisfähigkeit gehören auch Reaktionen und Einstellungen aus dem emotionalen Bereich des Menschen, dem Bereich seines Gefühls. Sie findet ihren Ausdruck als emotionale Beziehung, als Liebesfähigkeit. Die Liebesfähigkeit hat ihrerseits zwei Komponenten. Es ist zunächst die Fähigkeit, aktiv emotionale Beziehungen aufnehmen und somit selbst lieben zu können. Zum ande-

ren ist es die Fähigkeit, sich lieben lassen zu können und dadurch geliebt zu werden. Entgegengebrachte emotionale Zuwendung wird dabei akzeptiert und ertragen. Auf der Grundlage der Liebesfähigkeit können sich primäre Fähigkeiten wie Zutrauen und Vertrauen, Kontakt, Glaube, Hoffnung und Liebe sowie Einheit, Gewissheit, Zweifel und Geduld entwickeln.

Die aus der Erkenntnisfähigkeit entwickelbaren sekundären Fähigkeiten wie die aus der Liebesfähigkeit entwickelbaren primären Fähigkeiten werden in der Positiven Psychotherapie Aktualfähigkeiten genannt. Sie sind in ihrer Ausprägung wie in ihrer Ausformung abhängig von den Eltern und Ahnen, von kulturellen Instanzen wie Schule und Gesellschaft, von moralischen Institutionen, Religionen und Kulturen. Dies bedeutet, dass die Träger der Aktualfähigkeiten die geschichtlichen und gesellschaftlichen Bedingungen sind.

Im Gegensatz dazu verfügen alle Menschen über die beiden Grundfähigkeiten Erkenntnis- und Liebesfähigkeit. Sie gehören unmittelbar zum Wesen eines jeden Menschen. Daraus ist zu schließen, dass der Mensch seinem Wesen nach gut ist. Störungen in diesem Bereich sind auf die Entwicklungsdimensionen zurückzuführen.

Die Positive Psychotherapie benennt neben den beiden Grundfähigkeiten (Erkenntnisfähigkeit und Liebesfähigkeit) auch drei Entwicklungsdimensionen: Körper, Umwelt und Zeit. Sie sind für eventuell auftretende Persönlichkeitsstörungen verantwortlich.

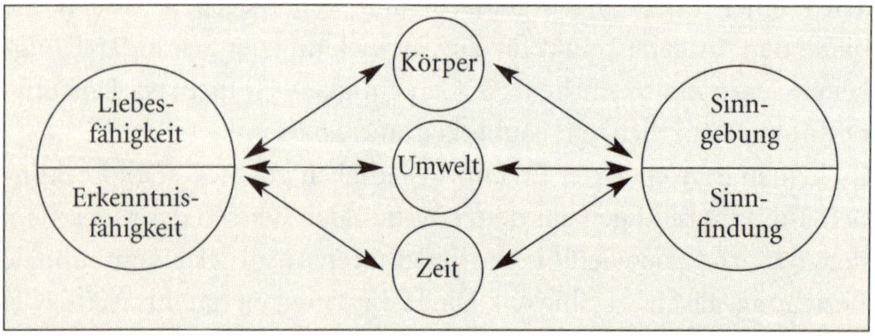


*Grundfähigkeiten und ihre Entwicklungsbedingungen zur Sinngebung (Religion) und Sinnfindung (Wissenschaft)*

Persönlichkeitsstörungen lassen sich anhand eines Symptoms beobachten. In der Positiven Psychotherapie wird vor allem nach der »positiven« Bedeutung eines Symptoms für einen Menschen und seine Gruppe gefragt. Denn es sollen die positiven Aspekte und Vorteile der Symptome (Depression, Angst, Faulenzen, Trotz etc.) erfasst werden. Die Positive Psychotherapie geht davon aus, dass Symptome – wie Schlafstörungen – auch eine positive Funktion haben. Es gilt also, die positive Bedeutung von Tatsachen (Angst zu haben, älter geworden zu sein, nicht schlafen zu können etc.) für die Person herauszuarbeiten. Auf diese Weise werden die als unangenehm erlebten Tatsachen bzw. Symptome positiv umgedeutet. So lassen sich neue Lösungsmöglichkeiten über eine Änderung im individuellen, familiären und gruppenabhängigen Verständnis einleiten.
Dieses positive Vorgehen bezieht sich auf alle Gegebenheiten; auf Fähigkeiten wie auf Störungen. Praktisch wird bei der Durchführung gefragt, welche Vorteile sich aus einem Symptom ergeben. Zum Beispiel: Worin liegen die Vorteile von Schlafstörungen? Welche Funktionen erfüllen Angst und Depression? Welche Bedeutung haben die Hemmungen? Die folgenden Beispiele zeigen, wie Krankheitsbilder positiv umgedeutet werden.

## Die positive Umdeutung von Symptomen und Krankheitsbildern

| Krankheitsbild | Positive Umdeutung |
|---|---|
| Adipositas: | Fähigkeit, sich über das Essen Befriedigung zu verschaffen. |
| Aggressivität: | Fähigkeit, hemmungslos und emotional zu reagieren. |
| Alkoholismus: | Fähigkeit, Konflikte mit Alkohol auszuhalten. |
| Anorexis nervosa: | Fähigkeit, mit wenig Nahrung auszukommen. |
| Depression: | Fähigkeit, mit tiefsten Gefühlen zu reagieren. |
| Ejaculatio präcox: | Fähigkeit, schnell sein Ziel zu erreichen. |
| Frigidität: | Fähigkeit, mit dem Körper »Nein« zu sagen. |
| Herzinfarkt: | Fähigkeit, auf Belastungen mit dem Herzen zu reagieren. |
| Paranoia: | Fähigkeit, sich selbst in den Mittelpunkt der Welt zu stellen. |
| Potenzstörung: | Fähigkeit, Konflikten im Bereich der Sexualität aus dem Wege zu gehen. |
| Psychosomatische Störungen: | Fähigkeit, mit Hilfe der Organe deutlich zu machen, dass andere Mittel zur Konfliktverarbeitung fehlen. |
| Schizophrenie: | Fähigkeit, nicht-annehmbare Anteile des Ich abzutrennen und die nicht befriedigende Realität durch eine phantastische Innenwelt zu ersetzen. |
| Zwangsneurose: | Fähigkeit, eine Aufgabe außerordentlich gewissenhaft und genau durchzuführen. |

Störungen der Gesundheit und des Wohlbefindens werden von den meisten Menschen mit pessimistisch gefärbten Einstellungen in Verbindung gebracht.

**Im Gegensatz dazu sind die positiven Umdeutungen auf provokante Art Anregungen, um traditionelle Konzepte zu überdenken und hier und da abzuwägen, ob es nicht alternative Interpretationsmöglichkeiten und damit alternative Lösungen gibt. Für viele Menschen ist eine solche Denkweise äußerst gewöhnungsbedürftig.**

## Die Entwicklung von Hoffnung und Hoffnungslosigkeit im Alter

*Lass dich nicht gehen,*
*gehe lieber selbst.*

Erfahrungen und Erlebnisse eines Menschen sind dafür ausschlaggebend, ob und wie sich bei ihm Hoffnung entwickelt. Hat ein Mensch positive Beziehungen zu den eigenen Fähigkeiten entwickeln können, wird er auch die Fähigkeit zur Hoffnung entwickeln können. Hoffnung, mit ihrem Bezug zur Zukunft, bezieht sich immer konkret auf die Erfahrungen und Enttäuschungen einzelner Aktualfähigkeiten. Wurde einem Menschen nur selten oder nie gezeigt, dass für jede Schwierigkeit eine Lösung besteht, wird er eher zur Hoffnungslosigkeit neigen.

*Zuversichtlich bin ich hinsichtlich meiner beruflichen Ziele. Ob ich jedoch einmal die Frau finde, der ich vertrauen kann, das halte ich für fast unmöglich.* (38-jähriger Geschäftsmann mit Kontaktstörungen).

Aus einer undifferenzierten Einstellung gegenüber der Zukunft kann durchaus Hoffnungslosigkeit resultieren. Dies ist immer dann der Fall, wenn die Hoffnung auf wenige Lebensbereiche beschränkt ist, andere Lebensbereiche dagegen stets negativ besetzt werden. Die Folge sind Enttäuschung und Fluchtreaktion. Menschen mit solchen Einstellungen werden in ihrer Hoffnungslosigkeit bestärkt.

## Das Gesicht der Hoffnungslosigkeit

Die Erscheinungen der Hoffnungslosigkeit reichen von fast völliger Resignation bis hin zum Zweckpessimismus. Auch die Folgeerscheinungen treten in entsprechend vielfältigen Abstufungen auf. Sie reichen vom »psychogenen Tod« bis zu Störungen des Schlaf-Wach-Rhythmus. Ausweglos erscheinende Situationen können scharf abgegrenzt werden oder aber auch verschwommen sein. Manche Men-

schen übertragen Schwierigkeiten in einem speziellen Bereich auf alle anderen Lebensbereiche. Was und in welchem Grade der Einzelne als ausweglose Situation erlebt, hängt auch von der Erziehung ab, die einer Person zuteil wurde. Dies bezeichnen wir in der Positiven Psychotherapie als Grundkonflikt. Entsprechend funktionieren aktuelle Situationen als Auslöser.
Ein Leben ohne Hoffnung und Vertrauen ist undenkbar: Welcher Arzt, welcher Therapeut könnte seinem Patienten noch Heilungshoffnung vermitteln, würde er ihm nicht vertrauen? Welcher Schwerstkranke glaubte noch an seine Genesung, hätte er schon sämtliches Vertrauen in die Selbstheilungskräfte seines Körpers und in die Wirksamkeit von Therapien aufgegeben? Wer würde auf Frieden hoffen, hätte er völlig den Glauben an das Menschliche im Menschen verloren? Das ist jedoch ein schwieriger Lernprozess. Nur wer sich des Nichts als etwas, nämlich in Form einer immer bestehenden Chance des Unerwarteten, bewusst ist, wird auch in ausweglos erscheinenden Lebenssituationen nicht so schnell ins Leere fallen. Er wird fähig bleiben, auf das Unverhoffte zu hoffen. Damit wird ihm so viel innere Stabilität zuteil, um weitermachen oder immer wieder neu anfangen zu können.

Ein 50-jähriger Sozialarbeiter mit Depressionen schildert die Folgen, die sich daraus ergeben haben, dass er sich nie etwas zugetraut hat: »Weil ich nicht an mich geglaubt habe, sondern immer nur an die Anderen, habe ich alles angefangen und nichts fertig gemacht. Ich sah mich immer nur als Niete. Man hatte mir ja auch lange genug gesagt, dass aus mir nichts werden würde. Ich bekam dauernd unter die Nase gerieben: Du kannst es gleich bleiben lassen, du kannst es doch nicht.«

## Ändern Sie Ihr Verhalten, um mehr Hoffnung zu entwickeln

- Auf welche Eigenschaften, welche Personen und welche Gruppen bezieht sich Ihr Vertrauen, Zutrauen oder Misstrauen?
- Wie ist Ihr Misstrauen entstanden?
- Etwa durch Nachahmung oder Enttäuschung?
- Prüfen Sie sorgfältig, ob Ihr Misstrauen gerechtfertigt ist.
- Statt ständig anderen zu misstrauen, können Sie versuchen, mehr Genauigkeit und Ehrlichkeit zu entwickeln.
- Begegnen Sie anderen mit mehr Offenheit!.
- Richten Sie eine Art Kreditkonto für andere ein: Jeder Mensch hat darin einen hohen Kredit, den Sie ihm zunächst gewähren – einfach weil Sie ihm vertrauen.
- Und nur wenn es auch wirklich gute Grunde gibt, dann kürzen Sie diesen Kredit. So haben andere Personen auch eine Chance, Ihr Vertrauen zu verdienen. Das heißt nicht, leutselig zu sein und fremden Menschen blindlings zu vertrauen.
- Verlassen Sie sich im Zweifel auf Ihr Gefühl und beobachten Sie, wie der andere Mensch mit Ihnen umgeht.

## Warum Optimisten tatsächlich länger leben

Die lebensverlängernde Wirkung von positiven Erwartungen kennen wir, seit die wirkstofflose Heilkraft von Placebos bekannt wurde. Diese Scheinmedikamente wirken allein durch die Kraft des Glaubens an ihren therapeutischen Wert.

Ein umgekehrtes Phänomen ist der Nocebo-Effekt. Hier machen negative Erwartungen wie pessimistische Einbildung oder Hypochondrie den Menschen krank. Eine lang anhaltende Hoffnungslosigkeit kann sogar die Lebenserwartung herabsetzen. Neuere amerikanische Studien belegen diesen Einfluss von Hoffnungslosigkeit auf unsere Hirnleistungskraft. Demnach führen Nocebos zu andauerndem Stress mit seinen negativen körperlichen Auswirkungen. Schwerer psychosozialer Stress wie Ängste, Hilflosigkeit oder Traumatisierung erhöhen dauerhaft den Cortisolspiegel und können zu Gehirnfunktionsstörungen führen. Der Einfluss lang anhaltenden Stresses auf das kognitive Geschehen wird gegenwärtig mit Bezug auf die Alzheimer-Erkrankung diskutiert.

Den Zusammenhang von negativem Stress wie etwa Mutlosigkeit und erhöhtem Sterberisiko belegt eine finnisch-amerikanische Untersuchung:

In einer sechs Jahre dauernden Studie haben finnische und US-amerikanische Forscher bei 2428 Männern im Alter von 42 bis 60 Jahren aus Ostfinnland nachweisen können, dass Menschen umso eher sterben, je pessimistischer sie auf ihr Leben blicken. Anhand von Fragebögen konnten die Forscher aus Berkeley und Helsinki ihre Versuchspersonen in drei Gruppen einteilen: von »wenig« über »mittel« bis »ganz hoffnungslos«. Nach sechs Jahren waren 174 Probanden gestorben. Die Auswertung war verblüffend: Je weniger Vertrauen die Probanden in ihre Person und Zukunft hatten, desto höher war die Wahrscheinlichkeit, dass sie an Gefäßerkrankungen wie Herzinfarkt oder Schlaganfall (87 Personen), an Krebs (40 Personen) und an anderen Krankheiten (10 Personen) starben oder Opfer tödlicher Unfälle oder Gewaltverbrechen (29 Personen) wurden. Bei Männern, die besonders hohe Hoffnungslosigkeitswerte erreichten, war das Sterberisiko sogar dreimal so hoch. Die Forscher betonen, dass es sich bei »Hoffnungslosigkeit« um das negative Lebensgefühl als solches handelt, das lebensverkürzend wirke. Hoffnungslosigkeit ist ein Faktor, der unabhängig von anderen lebensverkürzenden Einflüssen wie Rauchen, Bewegungsmangel und Depressionen im Krankheitsfall wirke.

**Aus Sicht der Wissenschaft sollten Sie rechtzeitig lernen, Ihre Gedanken zu bearbeiten, und in Ihrem Leben nach Hoffnung, Vertrauen und Zutrauen fragen. Der Wert dieser Botschaft besteht darin, länger andauernden negativen Stress zu meiden, wo immer**

**es geht. Denn er schadet nicht nur der Gemüts- und Stimmungslage, sondern auch dem Gehirn, was als negative Rückkoppelung die Gemütslage zusätzlich verschlechtern kann.**

---

**Merke**

*Betrachtet den Menschen als ein Bergwerk,*
*reich an Edelsteinen von unschätzbarem Wert.*
*Nur die Erziehung kann bewirken,*
*dass es seine Schätze enthüllt*
*und die Menschheit daraus Nutzen zu ziehen vermag.*
Aus den Bahaí-Schriften

*Nichts ist so schlecht,*
*dass es nicht auch eine*
*gute Seite hätte.*

*Was du heute kannst besorgen,*
*kannst du dir morgen sicher*
*nicht mehr leisten.*

*»Kennen Sie das Geheimnis des langen Lebens?*
*Man muss nur viel Zwiebeln und Knoblauch essen!«*
*»Und wie soll das ein Geheimnis bleiben?«*

*»Wie alt sind Sie?«, fragt der Richter.*
*»96 Jahre.«*
*»Was? Und in diesem Alter klauen Sie noch Autos?«*
*»Na ja, in meiner Jugend gab es kaum welche.«*

---

# Neue Lebensfreude finden – Das Prinzip der Balance im Alter

*Was man besonders gerne tut,*
*ist selten ganz besonders gut.*
Wilhelm Busch

*Die Tempelglocken*
*Auf einer in der offenen See gelegenen Insel stand ein Tempel. Darin befanden sich tausend Glocken. Große und kleine Glocken, von den besten Handwerkern der Welt gegossen. Wenn der Wind wehte oder ein Sturm wütete, begannen alle Glocken gleichzeitig zu ertönen und in einer Symphonie zusammenzuklingen, die das Herz des Hörers in Entzücken versetzte.*
*Doch im Laufe der Jahrhunderte versank die Insel im Meer und mit ihr der Tempel und mit ihm die Glocken. Nach einer alten Überlieferung ertönten die Glocken auch weiterhin unaufhörlich. Ein jeder konnte sie hören, der aufmerksam lauschte.*
*Beflügelt von dieser Überlieferung reiste ein junger Mann Tausende von Meilen, um dieses Wunder zu hören. Tagelang saß er an der Küste, an der Stelle, wo der Tempel einst gestanden hatte. Er lauschte und lauschte mit allen Fasern seines Herzens. Aber er hörte nur die Wellen, die sich am Strand brachen. Immer wieder bemühte er sich, das Brausen der Wellen zu verdrängen, damit er die Glocken hören könne. Aber vergeblich: Das Rauschen des Meeres schien das Universum zu überfluten.*
*Viele Wochen blieb er seiner Aufgabe treu. Wenn er entmutigt war, pflegte er den Worten der Dorfältesten zu lauschen, die überschwänglich die Legende von den Tempelglocken erzählten und jene erwähnten, die sie gehört und damit ihre Wahrheit bekräftigt hatten. Und sein Herz begann zu brennen, als er die Worte hörte, nur um wieder entmutigt zu werden, als sein wochenlanges Bemühen nichts ergab.*
*Schließlich beschloss er den Versuch aufzugeben. Vielleicht war es ihm nicht bestimmt, zu den Glücklichen zu gehören, die die Glocken vernehmen konnten. Vielleicht stimmte die Legende nicht. Er wollte nach*

*Hause zurückkehren und sich den Misserfolg eingestehen. Am letzten Tag ging er zu seinem Lieblingsplatz am Strand, um sich von der See, dem Himmel, dem Wind und den Kokospalmen zu verabschieden. Er lag im Sand, blickte in den Himmel und lauschte dem Rauschen des Meeres. An diesem Tag sträubte er sich nicht gegen das Rauschen des Meeres. Im Gegenteil, er gab sich ihm hin und empfand das Tosen der Wellen als angenehm und beruhigend. Bald hatte er sich in diesem Klang verloren, dass er sich seiner selbst kaum mehr bewusst war, so tief war die Stille in seinem Herzen geworden. In der Tiefe dieser Stille hörte er es! Das helle Klingeln einer winzigen Glocke, gefolgt von einer anderen und noch einer anderen und wieder einer anderen … und schon bald ertönten alle tausend Tempelglocken in wunderbarem Zusammenklang, und sein Herz war außer sich vor Freude und Staunen.*

*Wenn du die Tempelglocken hören willst, lausche dem Klang des Meeres.*

*Wenn du Gott sehen willst, sieh dir die Schöpfung mit offenen Augen an.*

*Wenn du deinen Weg finden willst, vergiss den Zwang, dies sofort tun zu müssen! Lehne ihn nicht ab, laufe ihn einfach.*

**In der psychotherapeutischen, psychologischen und pädagogischen Literatur werden im allgemeinen mehr die funktionellen und dynamischen Zusammenhänge berücksichtigt. Für uns ergab sich vorrangig die Aufgabe, systematisch und kritisch auf die Inhalte der Erziehung, der zwischenmenschlichen und innerseelischen Konflikte einzugehen.**

## Die vier Qualitäten des Lebens

Bei der Problembewältigung wenden alle Menschen – unabhängig von ihrer individuellen Persönlichkeit und unabhängig von allen sozialen oder kulturellen Unterschieden – vier typische Formen der Konfliktverarbeitung an. Diesen vier Formen der Konfliktverarbeitung entsprechen die vier Medien der Erkenntnisbereitschaft. Mit ihrer Hilfe findet eine Realitätsprüfung statt. Sie helfen, sich selbst und seine Umwelt wahrzunehmen. Diese vier Medien der Erkenntnisbereitschaft sind relativ weitgefasste Kategorien, die von jedem Menschen mit den eigenen Vorstellungen gefüllt werden müssen.

Sie umfassen:

1. den Körper als Mittel der Sinne
2. die Leistung als Mittel des Verstandes
3. den Kontakt als Mittel der Tradition
4. die Phantasie als Mittel der Intuition

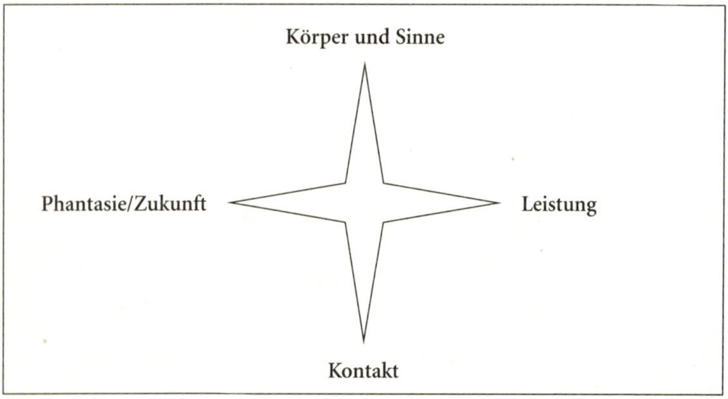


Anhand eines Beispiels können wir die vier Formen der Konfliktverarbeitung in den vier Medien der Erkenntnisbereitschaft erkennen: Ein Chef reagiert auf Probleme mit Flucht in die Arbeit (Leistung). Seine Sekretärin bearbeitet ihre Schwierigkeiten mit Rückzug und meidet soziale Kontakte (Kontakt).

Ihr Partner löst seine Probleme mit körperlichen Beschwerden (Körper).

Der Sohn flüchtet zur Lösung seiner Schwierigkeiten in die Welt der Phantasie und Utopie. Aus den jeweiligen Reaktionsweisen können sich wiederum Kommunikationsprobleme ergeben.

Körperliche Probleme wie zum Beispiel Kopf- und Magenschmerzen sind nach unseren Untersuchungen nur zu 25 Prozent körperlich begründet. Der Rest hängt mit dem Beruf, der Familie, den Mitmenschen und mit der Angst vor der Zukunft zusammen.

Alle vier Bereiche sind in einem jeden Menschen angelegt: Wenn ein Mensch auf die Welt kommt, ist die entsprechende Reaktionsform bereits in ihm angelegt. In Abhängigkeit von der Familie, in der man aufgewachsen ist, entwickeln sich jedoch diese Bereiche ganz unterschiedlich.

Wenn jemand in einer Familie aufgewachsen ist, in der die Eltern großen Wert auf Gesundheit legen, ist der Bereich Körper und Sinne besonders entwickelt. Oder wenn jemand gelernt hat: »Kannst du was, dann bist du was« oder »Sparst du was, dann hast du was«, oder »Lieber Ratten im Keller als Verwandte im Haus«, »Gäste einladen kostet viel Geld, Gäste machen Unordnung«, dann sind entsprechend die Bereiche Leistung und Kontakt ausgeprägt. Dazu kommen noch die grundsätzlichen Unterschiede in den einzelnen Kulturen.

Im Abendland, besonders in Deutschland, der Schweiz und in Österreich, sind vorwiegend die Bereiche Körper/Gesundheit und Arbeit stärker entwickelt. Im Gegensatz dazu sind in orientalischen Kulturen die beiden anderen Bereiche Kontakt und Phantasie überbetont, und Gesundheit und Leistung kommen zu kurz. Konflikte und Störungen entwickeln sich durch einseitige Überbetonungen.

Alle vier Bereiche können mit Hilfe von Fragen erschlossen werden. Dafür haben meine Mitarbeiter und ich in den letzten Jahren viertausend Fragen entwickelt. Durch die Methode der Faktorenanalyse, bei der wir auch vom Computer Gebrauch machen, wurden diese auf etwa zwanzig Kernfragen reduziert. Im Medium der Phantasie werden zum Beispiel folgende Fragen zur Konfliktverarbeitung gestellt:

Womit beschäftigen Sie sich in Ihrer Phantasie?
Mit

- dem Körper (Sexualität, Schlaf, Sport, Gesundheit)?
- dem Beruf (Erfolge, Misserfolge)?
- dem Kontakt zu einem Partner und anderen Menschen?
- der Zukunft (Wunschvorstellungen, Utopien, Weltanschauung, Religion)?

## Die vier Qualitäten des Lebens im Alltag und die vier Formen der Konfliktbearbeitung im Alter

### 1. Der Körper als Mittel der Sinne – Körperliche Gesundheit

Eine unserer Hauptsorgen betrifft unsere Gesundheit. Sie spiegelt sich in der Frage »Wie geht es Ihnen?« und meint oft mehr als nur eine höfliche Floskel. Für manche Menschen ist mitunter die Frage nach unserer Krankheit noch wichtiger. Alle Menschen haben oder machen Erfahrungen mit Erkrankungen. Da man letzten Endes auch durch Krankheiten stirbt, kann es so weit kommen, dass sich ein Gespräch in aller Ausführlichkeit und in allen Details nur noch um die Krankheit dreht. Die Fragen nach bestimmten körperlichen Leiden, nach dem behandelnden Arzt oder den verordneten Medikamenten können durchaus makaber werden, wenn sich die Gesprächspartner im Laufe des Gespräches gegenseitig mit ihren Leiden und Beschwerden zu übertrumpfen versuchen und ihre Krankheiten gegeneinander ausspielen – etwa Herzinfarkte gegen Krebsverdacht.

Die vitalen Ängste eignen sich vor allem zur Flucht in die Krankheit. Ihre Konfliktbearbeitung führt zu den verschiedensten körperlichen Reaktionen. Dazu zählen unter anderem körperliche Aktivitäten in Form von sportlicher Betätigung genauso wie »sich hängen lassen«,

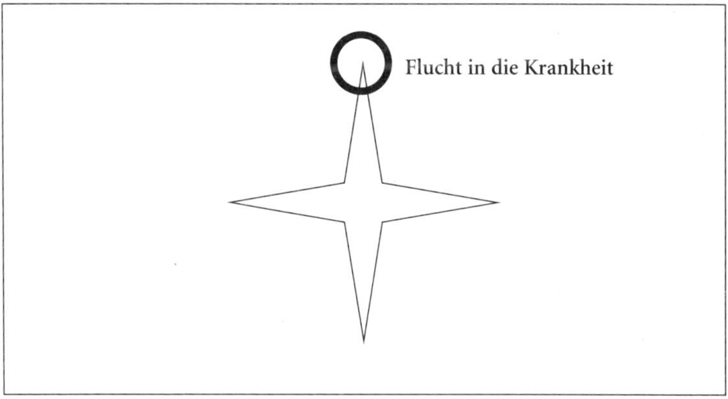


Schlaf (Konflikte »überschlafen«) und Schlafstörungen. Weiterhin sind im Medium des Körperlichen die Nahrungsaufnahme (Fresssucht, »Kummerspeck« vs. Nahrungsverweigerung, Magersucht) und Sexualität (Donjuanismus, Nymphomanie vs. Sexualabwehr, Frigidität) typische Bereiche für eine Konfliktbearbeitung körperlicher Natur. Dazu kommen noch eine Reihe körperlicher Funktionsstörungen und psychosomatischer Reaktionen.

## 2. Die Leistung als Mittel des Verstandes – Beruf, Leistung und Erfolg

*Der Geschäftsführer zum Personalleiter: »Herrn Kruse müssen wir bald entlassen. Er ist schon sieben Jahre bei uns und hat noch keinen Herzinfarkt.«*

Dieser Witz zeigt, wie sehr in unserem Kulturkreis die berufliche Leistungsfähigkeit mit dem gesundheitlichen Befinden verbunden wird. Der Wert eines Mitarbeiters wird immer häufiger danach beurteilt wird, wie oft er in einem Jahr aus Krankheitsgründen fehlt. Berufliche Leistungsfähigkeit selber wurde zum wesentlichen Kriterium von Gesundheit. Eines der wesentlichsten Missverständnisse unserer Zivilisation ist der Trugschluss, zu meinen, dass derjenige, der etwas leisten kann, auch gesundheitlich in Bestform sei und beruflicher Erfolg ein Signal für Gesundheit sei.

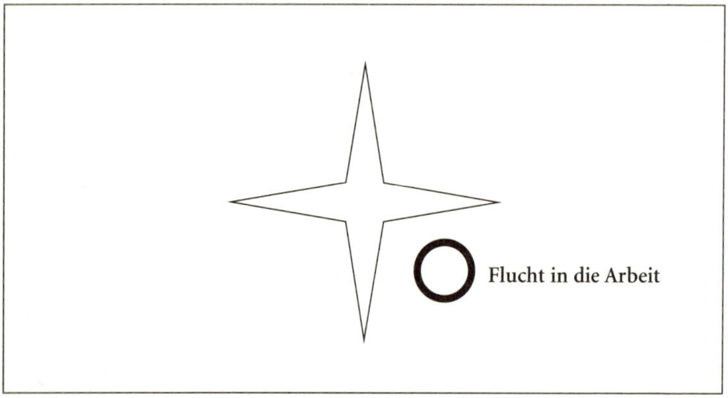


Neid und Bewunderung fliegen den Erfolgreichsten zu – deshalb zählen die Versagensängste zu den typischen Problemen in Bezug auf Flucht in die Arbeit. Deren typische Symptome sind vor allem die Neigungen zu Magen- und Verdauungsbeschwerden, zu Schlafstörungen sowie zu Alkoholismus und Drogenabhängigkeit. Weiterhin sind beobachtbar: Leistungszwang und Beschäftigungsdrang, Arbeits-, Denk- und Leistungshemmungen, Konzentrationsstörung und Apathie, Kraftlosigkeit und Faulheit, Selbstwertprobleme und Überforderung, Konkurrenzkampf und Strebertum, Entlastungsdepressionen und Stressreaktionen, defizitäre Symptome wie Zivilisationsmüdigkeit und Rentenneurose.

## 3. Der Kontakt als Mittel der Tradition – Partnerschaft und Kontakt

Ein weiterer Austragungsort für Konflikte spiegelt sich in unserer höflichen Konversation wider. Gemeint sind hier die Konfliktaustragungsorte Familie, Ehe und Partnerschaft. Höfliche Fragen nach dem Befinden der Ehefrau, nach den Lernfortschritten der Kinder in der Schule, zum Verbleib der Schwiegermutter oder Freundin verbinden die Privatsituation mit dem Wohlergehen des Gesprächspartners. Seine Antworten bieten genügend Interpretationsspielraum für die Auslegungen, ob es ihm gut geht oder ob er besonderer Zuneigung ob seiner belastenden Lebenssituation bedarf.

**Flucht in die Geselligkeit oder Einsamkeit**

Ein Medium für soziale Ängste ist die Flucht in die Geselligkeit oder Einsamkeit. Kontaktangst, Kontaktarmut, aber auch Kontaktdrang, Bindungslosigkeit oder übertriebene Bindungen, Angst vor Menschen oder Trennungsängste, ein unbewusstes Anklammerungsbedürfnis oder eine Ablösungsproblematik, Autismus, Hemmungen und Zwangshandlungen, Zwiesprache mit sich selbst und Schimpfen sind hierfür genauso Symptome wie Vorurteile und Gerüchte, Diskriminierung und Isolierung von Minderheitsgruppen, Über- und Untertreibungen, Zynismus und Ironie, Hänseleien und Witze, positives und negatives Nachreden, Drohungen, Versprechungen und Notlügen, Schwören, Verwünschungen und Bekräftigungen sowie Gruppenegoismus, Kriege, Gewalttätigkeit und Kriminalität.

## 4. Die Phantasie als Mittel der Intuition – Zukunft und Sinn

Die vierte Entwicklungsdimension für Konflikte bezieht sich weder auf die körperliche Befindlichkeit noch auf die berufliche Situation oder die familiäre Privatsphäre, sondern auf die Zeit.

Obwohl sich der zeitliche Aspekt oft auf diese Bereiche bezieht, stellt er doch eine eigene Funktion dar. Fragen wie »Was hast Du morgen vor?«, »Wie war Dein Wochenende?«, oder »Wie stellst Du Dir Deinen weiteren Weg vor?« weisen auf die Zeitdimension in der Entstehung von Konflikten hin. Dazu gehören auch Vergleiche wie »Seitdem ich mit dem Rauchen aufgehört habe, geht es mir besser«, »Die Kopfschmerzen, die ich früher hatte, sind verschwunden, seitdem ich regelmäßig Sport treibe«.

Die Zeitdimension reicht aber nicht nur in die Vergangenheit, sie blickt auch in die Zukunft: »Ich hoffe, dass ich nach dieser Operation noch einige Jährchen weiterleben kann«, »Seitdem mich mein Mann verlassen hat, hat mein Leben keinen Sinn mehr«, »Da alles sowieso keinen Zweck mehr hat, kann ich meinen Zustand nur noch mit der Bierflasche ertragen«. Diese Beispiele machen deutlich, dass die Zeit nicht nur ein formales Ordnungsschema darstellt. Zeit ist eine Dimension, in der Konflikte entstehen und bewältigt werden. Die Zeit lässt sich in verschiedener Weise nützen. Man lässt sie an sich vorüberziehen und wartet, bis sich irgendetwas tut, gemäß dem Motto: »Kommt Zeit, kommt Rat.« Zeit lässt sich aber auch aktiv verwenden, indem man sie zur Befriedigung seiner Bedürfnisse oder zur Wiederherstellung seiner Gesundheit einsetzt. Inwieweit wir die Zeit nutzen, hängt auch von unseren Einstellungen gegenüber Vergangenheit, Gegenwart und Zukunft sowie der Sinngebung unseres Handelns ab. Beurteilen wir die Zukunft pessimistisch, dann ergeben sich fast automatisch andere Möglichkeiten, als wenn wir sie optimistisch zu planen wagen. Aktive Auseinandersetzung oder passive Resignation und Fatalismus sind bereits als Einstellungen vorgegeben. Dadurch besteht so etwas wie eine sich selbst erfüllende Prophezeiung.

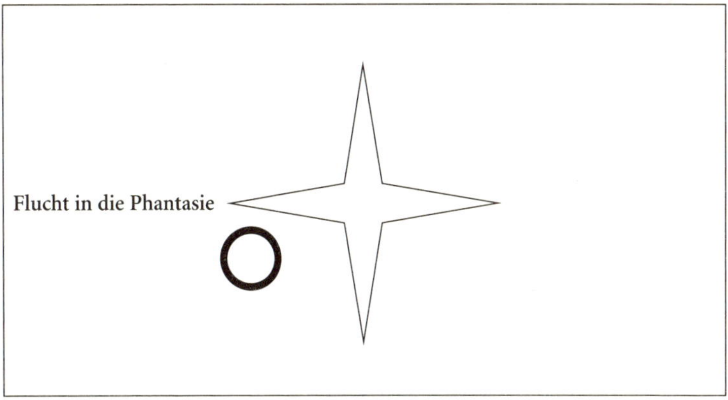


Lösen existentielle Ängste Konflikte aus, so kann man darauf mit einer Aktivierung der Phantasie reagieren, indem man die Konfliktlösungen phantasiert, sich einen Erfolg gedanklich vorstellt oder in Gedanken verhasste Menschen tötet oder sonstwie bestraft. Die Phantasie schafft mit oder ohne Drogen- und Alkoholkonsum eine vorläufig angenehme Sphäre. Sie schirmt gegen verletzende und kränkende Einbrüche der realen Welt ab und lässt »böse Taten« oder eine schmerzliche Trennung von einem Partner ungeschehen erscheinen. Die Phantasie kann aber auch als Projektion der eigenen Ängste die Wirklichkeit unerträglich machen, übermächtig werden und somit verängstigen. Vermischt mit Sinneseindrücken führt sie zu Symptomen, wie sie in der Schizophrenie als Wahnvorstellungen anzutreffen sind.
Existentielle Ängste und ihre Lösung durch Flucht in die Phantasie zeigen eine Reihe von Symptomen wie Pessimismus (»Nach mir die Sintflut«), »Jeder ist sich selbst der Nächste«, Ungewissheit, passive Erwartungshaltung, Ratlosigkeit, Selbstmordgedanken, Erwartungsangst, Todesangst, Angstpsychose, psychogener Tod, Einheitsverlust, Lebensangst, Resignation, Zwangsdenken, Aberglaube, Religion als Lebensziel.
Die Studie zur Altersforschung, die David Snowdon seit über 15 Jahren leitet, hat in der Fachwelt großes Aufsehen erregt und ist als »Nun

Study« weltweit bekannt geworden – denn die 678 Teilnehmerinnen im Alter von 75 bis 106 Jahren gehören alle dem Orden der Schwestern von Notre Dame an. Nun bringt Snowdon seine Ergebnisse auch einem breiten Publikum nahe.
Dabei gelingen ihm wunderbare eindringliche Porträts von Frauen, die trotz ihres hohen Alters ein Leben führen, das erfüllt und lebendig ist – lebenswert im wahrsten Sinne des Wortes.
**Altern ist unvermeidlich, doch vor Alterskrankheiten kann man sich schützen. Der Zusammenhang von Depression und Altersdemenz; die Prävention von Schlaganfällen als Schlüssel zur Alzheimer-Bekämpfung; früh ausgeprägte Sprachkompetenz als Schutz gegen Alzheimer; die Rolle des sozialen Umfelds und das Aufgehobensein in Beziehungen, Familie, Gemeinschaft und Glauben.**

## Fragebogen zum Alter in verschiedenen Kulturen

**1. Körper/Sinne: Die Fähigkeit, Gesundheit zu erhalten**
Wir sehen unsere Aufgabe in den positiven Umdeutungen darin, den Patienten alternative Einstellungen zu ihren Erkrankungen zu ermöglichen und so an ihre Flexibilität zu appellieren. Vor allem transkulturelle Vergleiche, auf die je individuellen Probleme eines älteren Menschen bezogen, können einen »Standortwechsel« bzgl. der subjektiven Wertung vorbereiten helfen.

Im Vordergrund steht das Körper-Ich-Gefühl. Wie nimmt man seinen Körper wahr? Wie erlebt man die verschiedenen Sinneseindrücke und Informationen aus der Umwelt?

1. Legen Sie Wert auf Körperpflege, auf Ihre Kleidung, Ihre Frisur?
2. Halten Sie sich durch Gymnastik, Wandern, Schwimmen oder eine andere Sportart fit?
3. Atmen Sie öfter einmal tief durch?
4. Können Sie sich durch autogenes Training, Yoga oder andere Übungen lockern und entspannen?
5. Achten Sie auf Art und Menge Ihrer Ernährung?
6. Ist das Essen für Sie eine Gelegenheit, Kontakte zu pflegen oder anzuknüpfen?
7. Halten Sie sich an Ihre Diätvorschriften?
8. Wie ist Ihre Verdauung?
9. Haben Sie einen bestimmten Rhythmus bezüglich des Schlafens (Zeit des Zu-Bett-Gehens, Aufstehens)?
10. Legen Sie Wert auf Körperkontakt und Zärtlichkeit? Mit wem haben Sie diese Art von Kontakten?
11. Haben Sie noch sexuelle Kontakte, oder haben Sie keine Gelegenheit oder Neigung mehr dazu?
12. Was tun Sie, wenn Sie Schmerzen haben? Nehmen Sie Medikamente? Entspannen Sie sich? Verhalten Sie sich eher aktiv oder passiv?

**2. Leistung: Die Fähigkeit, aktiv zu bleiben**

Hierzu gehört die Art und Weise, wie Leistungsnormen ausgeprägt sind und wie sie in das Selbstkonzept eingegliedert werden. Denken und Verstand ermöglichen es, systematisch und gezielt Probleme zu lösen und Leistungen zu optimieren.

1. Womit beschäftigen Sie sich in Ihrer Freizeit?
2. Haben Sie ein Hobby?
3. Fühlen Sie sich noch in der Lage, eine »nützliche« Tätigkeit auszuüben?
4. Haben Sie Lust, etwas Neues anzufangen (z. B. eine Sprache zu erlernen, eine handwerkliche Kunst wie Töpfern, Emaillieren, Batiken)?
5. Könnten Sie anderen bei ihren schulischen oder beruflichen Problemen aus Ihrer Erfahrung beratend oder helfend zur Seite stehen (z. B. Kindern bei den Schulaufgaben helfen)?
6. Können Sie etwas »organisieren« (z. B. eine Reise, eine Ausstellung, einen Diavortrag)?

**3. Kontakt: Die Fähigkeit, Beziehungen aufzunehmen und zu pflegen**

Wichtig ist hier die Beziehung zu sich selbst, dem Partner, der Familie; das Verhältnis zu anderen Menschen, Gruppen, sozialen Schichten und fremden Kulturkreisen; die Beziehung zu Tieren, Pflanzen und Dingen. Die sozialen Verhaltensweisen werden durch die individuellen Lernerfahrungen und die Überlieferung (Tradition) mitgeprägt. Unsere Möglichkeiten, Kontakte zu gestalten, und sozial erlernte Auswahlkriterien, die sie steuern, sind beispielsweise: Man erwartet von einem Partner Höflichkeit, Ehrlichkeit, Gerechtigkeit, Ordnung, die Beschäftigung mit bestimmten Interessengebieten usw. und sucht sich die Partner aus, die in irgendeiner Weise diesen Kriterien entsprechen.

1. Auf welche »Aktualfähigkeiten« legen Sie bei Menschen, zu denen Sie Kontakt haben oder aufbauen möchten, besonderen

Wert: Ordnung, Sauberkeit, Pünktlichkeit, Höflichkeit, Ehrlichkeit, Fleiß, Zuverlässigkeit, Sparsamkeit, Gehorsam, Gerechtigkeit, Treue, Geduld, Zeit, Kontakt, Vertrauen, Hoffnung, Zärtlichkeit, Sexualität, Religion?
2. Welche dieser Aktualfähigkeiten sind für Sie »allergische Punkte«, die Kontakte erschweren oder verhindern?
3. Wo haben Sie diese Einstellungen »gelernt«, wer hat sie Ihnen vermittelt?
4. Wie sind Ihre Kontakte zu Ihren Angehörigen?
5. Können Sie alte Kontakte wiederaufleben lassen, indem Sie selbst die Initiative ergreifen?
6. Können Sie sich mit anderen Menschen zusammentun, die einsam sind, und etwas zusammen unternehmen oder ins Leben rufen (einen Club für gemeinsame Hobbies)?
7. Können Sie durch Kontaktangebote etwas für andere Menschen tun (z. B. Schulaufgaben von Kindern berufstätiger Eltern betreuen, Babysitten …)?
8. Beteiligen Sie sich am Vereinsleben, an Bürgerinitiativen, in einer Kirchengemeinde, in einer Partei, usw.?

**4. Zukunft/Phantasie: Die Fähigkeit, sich die Zukunft auszumalen**

Intuition und Phantasie reichen über die unmittelbare Wirklichkeit hinaus und können all das beinhalten, was wir als Sinn einer Tätigkeit, Sinn des Lebens, Wunsch, Zukunftsmalerei oder Utopie bezeichnen. Auf die Fähigkeiten der Intuition/Phantasie und die sich aus ihr entwickelnden Bedürfnisse gehen Weltanschauungen und Religionen ein, die damit die Beziehung auch zu einer fernen Zukunft vermitteln.

1. Womit beschäftigen Sie sich vorwiegend in Ihrer Phantasie: mit Ihrem Körper, Ihrem (ehemaligen) Beruf, Möglichkeiten des Kontakts, philosophisch-weltanschaulichen Fragen?
2. Haben Sie Pläne für Ihre Gegenwart und Zukunft, die Sie in Angriff nehmen können?

3. Beschäftigen Sie sich – aktiv oder passiv – mit Musik, Malerei, Plastik, Literatur? Wer ist Ihr Lieblingsautor?
4. Welche Rolle spielt die Religion in Ihrem Leben?
5. Was ist der Sinn Ihres Lebens? Der Sinn von Gesundheit und Krankheit?
6. Setzen Sie sich mit der Frage des Todes auseinander?
7. Gibt es für Sie ein Leben nach dem Tod? Was halten Sie von dem Leben nach dem Leben?
8. Tun Sie etwas für Ihre Umwelt (Luft, Boden, Pflanzen, Tiere), oder können Sie sich für Ihre Umwelt engagieren?
9. Beschäftigen Sie sich mit Fragen der Politik?
10. Ist für Sie der Weltfrieden ein erreichbares Ziel? Was können Sie dafür tun, um mit der Zukunft Frieden zu schließen?
11. Wie denken Sie über die Frage der Einheit der Menschheit? Ist sie für Sie ein Ziel? Wie kann Sie realisiert werden?
12. Akzeptieren Sie Ihre Beschwerden auch als Chance, bisher nicht erlernte Bereiche (Körper/Sinne, Leistung, Kontakt, Phantasie/Zukunft) zu entwickeln?

Die vier Bereiche entsprechen einem Reiter, der leistungsmotiviert (Leistung) einem Ziel zustrebt (Phantasie). Er braucht dazu ein gutes und gut gepflegtes Pferd (Körper). Und für den Fall, dass es ihn einmal abwerfen sollte, braucht er Helfer, die ihn beim Aufsteigen unterstützen (Kontakt). Dies bedeutet, dass eine Therapie sich nicht nur mit einem Bereich, z. B. dem Reiter, beschäftigen kann, sondern alle beteiligten Bereiche berücksichtigen muss.

# Das Körper-Seele-Problem im Alter

*Zwei Dinge trüben sich beim Kranken:*
*a) der Urin, b) die Gedanken.*
Eugen Roth

## Körper, Umwelt und Zeit

Mit den Beispielen zu den vier Qualitäten des Lebens will ich zeigen, dass für unser Wohlbefinden nicht allein der Zustand unseres Körpers von Bedeutung ist, sondern auch der Zustand unserer Umwelt und die Zeitdimension. Dies können wir uns am besten verdeutlichen, wenn wir uns klar machen, dass jede Krankheit sich nicht nur im körperlichen Befund erschöpft. Besonders bei schwerwiegenden Krankheiten ist die Vorgeschichte aufschlussreich. Bei einem Patienten mit Leberzirrhose gehen dem unmäßigen Alkoholgenuss meist berufliche und/oder private Konflikte voraus. In diesem Fall gehört neben die körperliche Behandlung unbedingt auch eine Bewältigungsstrategie für die belastenden Konflikte. Aus der Geschichte des Patienten lassen sich die Bereiche ableiten, für die der Patient einen anderen Umgang entwickeln muss, um seine Krankheit in den Griff zu bekommen. Der alkoholkranke Patient lernt Konfliktbewältigungsstrategien, um den ihn schädigenden Alkoholkonsum vermeiden zu können.

## Ärger schlägt auf den Magen

Wer alles (Kummer, Ärger) in sich hineinfrisst, ist sicherlich ein höflicher Mensch, denn er belästigt ja seine Umgebung nicht mit seinen Sorgen und seinem Ärger. Zugleich ist er aber seinen eigenen Bedürfnissen gegenüber sehr unehrlich, indem er nicht etwas nach außen trägt, sondern immer nur nach innen hineinfrisst. Ein in dieser Weise unbewältigter Konflikt kann zu seelischen und körperlichen Störungen führen. Erkrankungen, bei denen seelische und körperliche Faktoren mitspielen, bezeichnet die Medizin als psychosomatische Erkrankungen. Der Bereich der Medizin, der sich damit beschäftigt, wird Psychosomatik genannt. Um die Bedeutung psychosomatischer Zusammenhänge zu veranschaulichen, hier einige Beispiele: Wenn man Schnupfen hat, läuft nicht nur die Nase, man fühlt sich auch abgeschlagen und arbeitsunlustig. Wenn man zu wenig geschlafen hat, kann es passieren, dass man sich selbst und die Welt nicht mehr ausstehen kann. Dies sind Beispiele, die wir wohl alle aus eigener Erfahrung kennen. Sie zeigen, wie sehr unser seelisches Empfinden von unserem Körper abhängig ist und umgekehrt unser körperliches Befinden von unserem seelischen Zustand abhängt. Oben haben wir einige Beispiele dafür genannt. Obwohl uns aus unserer eigenen Erfahrung derartige Zusammenhänge zwischen Erlebnissen und körperlichem Befinden zugänglich sind, fällt es sicherlich vielen von uns, ja sogar vielen Ärzten schwer, diesen Zusammenhang einzusehen.

Wir sind jetzt an einer Stelle angelangt, an der wir uns fragen: »Wie kommt es eigentlich zu den Erregungen und emotionalen Belastungen?« Mit dieser Frage wollen wir den Teufelskreis der psychosomatischen Krankheiten durchbrechen.

## Psychosomatische Zusammenhänge

*Gedanken sind wie Keime:*
*Ich werde das erfahren, was ich erwarte.*

Folgende Nachricht soll uns als Beispiel für die Macht der Gedanken dienen:

»In Chicago wurden durch ein Versehen drei Männer in einem Kühlhaus eingeschlossen. Dessen Türen konnten von innen nicht geöffnet werden. Auch sonst gab es keine Möglichkeit, auf sich aufmerksam zu machen. Die Männer wussten, dass in etwa drei Stunden die Kühlaggregate des Kühlhauses zu arbeiten beginnen würden. Da sie keine Schutzkleidung, sondern nur leichte Sommerkleidung trugen, war ihre Überlebenschance gleich null. Am nächsten Tag wurden die drei Männer entdeckt. Sie waren tot und zeigten alle Anzeichen von Erfrierungen. Erstaunlich an dem ganzen Unglück war allerdings, dass die Kühlanlage an diesem Tag nicht eingeschaltet worden war. Die Männer waren also an ihrer Angst vor dem Erfrieren gestorben.«

Vom Symptom zum Konflikt zu kommen, das ist die wichtige, die besondere Aufgabe. Vielen Menschen fällt es besonders dann schwer, die Hintergründe von Symptomen zu erkennen, wenn sie selbst oder enge Angehörige betroffen sind. So, wie ein Patient erwartet, dass ein Arzt ihm erklärt, wie ein Befund zustande gekommen ist, so versuchen wir dem Patienten und seiner Familie zu erklären, wie sich seine Symptome auf der Grundlage der Konflikte entwickelt haben. Die positive Auswirkung solcher schon recht früh im Behandlungsverlauf erfolgten Belehrungen auf die Motivation der Patientenfamilie habe ich schon oft erleben können.

## Mikrotraumen-Theorie: Die Aktualfähigkeiten

*Steter Tropfen höhlt den Stein.*

In meiner psychotherapeutischen Praxis wie im täglichen Leben mache ich die Beobachtung, dass nicht die großen Ereignisse zu Störungen führen. Störungen entstehen vielmehr aus den immer wiederkehrenden kleinen seelischen Verletzungen, die zu »empfindlichen« oder »schwachen« Stellen führen, die sich schließlich zu Konfliktpotenzialen auswachsen. Die entsprechenden Verhaltensbereiche habe ich zu einem Inventar zusammengestellt. Auf diese Weise lassen sich die Inhalte der Konflikte und Fähigkeiten beschreiben.

Die Verhaltensbereiche bezeichne ich als Aktualfähigkeiten und teile

sie in zwei Gruppen ein. Eine Gruppe betrifft die leistungsorientierten psychosozialen Normen (sekundäre Fähigkeiten) wie Pünktlichkeit, Ordnung, Sauberkeit, Gehorsam, Höflichkeit, Ehrlichkeit, Treue, Gerechtigkeit, Fleiß bzw. Leistung, Sparsamkeit, Zuverlässigkeit und Genauigkeit.
Die zweite Gruppe bezieht sich auf emotional orientierte Kategorien (primäre Fähigkeiten) wie Liebe, Geduld, Zeit, Vorbild, Vertrauen, Kontakt, Sexualität, Hoffnung, Glaube und Einheit.
Im Verlauf der Sozialisation werden die Inhalte der Aktualfähigkeiten entsprechend dem soziokulturellen Bezugssystem und den einzigartigen Bedingungen der individuellen Entwicklung geformt und ausgeprägt.

## Die vier Medien der Liebesfähigkeit

*Die Liebe lebt in liebenswürdigen Kleinigkeiten.*

Die Liebesfähigkeit umschreibt eine weitere wesentliche Dimension menschlichen Lebens – sie entwickelt sich durch Beziehungen zur Umwelt. In der Kleinfamilie bilden die Eltern und – soweit vorhanden – die Geschwister die nähere Umwelt des Kleinkindes. Diese Menschen sind die primären Bezugspersonen für das Kind und stehen als sogenannte Prototypen für Formen der sozialen Beziehungen bereit. Aus diesem Grunde fragen wir auch nach den Beziehungsqualitäten, die einen Zugang zu den Gestaltungsmöglichkeiten der Emotionalität öffnen können.
Ich unterscheide vier Medien der Liebesfähigkeit. Sie charakterisieren jeweils typische Grundbeziehungen, die jeder Mensch in irgendeiner Form eingeht:

**Die vier Grundbeziehungen sind die Beziehung zum Ich, die Beziehung zum Du, die Beziehung zum Wir und die Beziehung zum Ur-Wir. Jede dieser Beziehungen wird in ihrer Entwicklung von**

charakteristischen Vorbild-Dimensionen beeinflusst: Das Verhältnis der Eltern und Geschwister zu einem selbst ist die Vorbild-Dimension für die Beziehung zum Ich. Vorbild für die Beziehung zum Du ist die Beziehung der Eltern untereinander. Für die Beziehung zum Wir bildet die Beziehung der Eltern zur Umwelt die Vorbild-Dimension. Das Ur-Wir geht auf die Vorbild-Dimension Beziehung der Eltern zur Religion/Weltanschauung zurück.

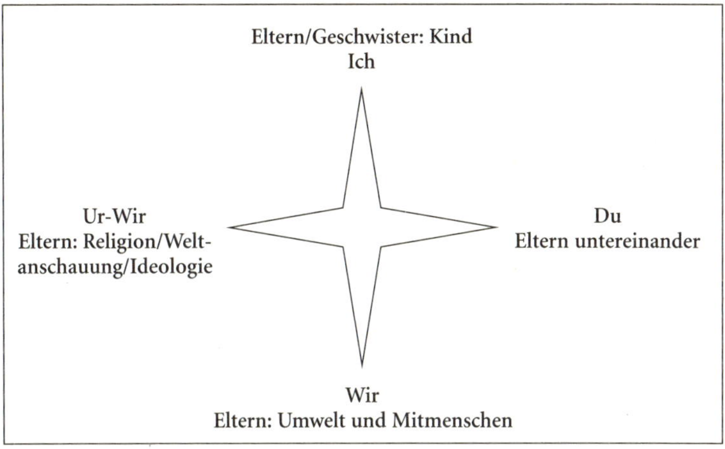


*Vier Formen der Liebesfähigkeit*

## Praktische Konsequenzen

Selbsthilfe: Wie reagieren wir, wenn jemand zu einer Beratungssitzung zu spät kommt und dann auch noch durch lautstarkes Stuhlrücken die Beratung stört? Oder wie würden Sie in diesem Fall reagieren: Neben Ihnen sitzt jemand, dessen Haar ungepflegt ist, auf dessen Hemd Fettflecken sind, und er riecht auch noch unangenehm? Wie reagieren Sie gegenüber einem Partner, den Sie bereits mehrere Male darum gebeten haben, Ordnung zu machen, der aber weiterhin alles in schönster Unordnung zurücklässt? Was denken, fühlen und sagen Sie, wenn Ihr Partner zuviel Geld ausgibt, obwohl

Sie eigentlich sparen müssen? Was empfinden Sie, wenn Sie irgend jemandem etwas Wichtiges anvertraut haben, der aber Ihr Vertrauen enttäuscht? Ereignisse, die uns tagtäglich begleiten, gehen nicht spurlos an uns vorüber. Was wir hören, sehen, erfahren und erleben, müssen wir verarbeiten. Wenn jemand uns beleidigt, hören wir das. Unsere Sinne, in diesem Falle unser Hörorgan, leiten die Informationen an das Gehirn weiter. Dort wird jede neue Information auf der Grundlage der vorhergehenden Information bewertet. Wenn man beispielsweise die Erfahrung gemacht hat, dass das Wort »Dummkopf« eine herabsetzende, das Selbstwertgefühl störende Beleidigung ist, wird man wohl an die Decke gehen, wenn einer zu einem sagt: »Du bist ein Dummkopf.«. Jemand, der das Wort »Dummkopf« nur in seiner zärtlichen Bedeutung erlebt hat, wird sich, überspitzt formuliert, darüber freuen, wenn man ihn einen Dummkopf nennt. Dieses Beispiel macht deutlich: Wie etwas erlebt wird, hängt von den Vorerfahrungen ab. Dazu zählt, in welcher Situation das Erleben stattfindet, wer etwas sagt und auf welche Art und Weise er dies tut. Alle Informationen werden blitzschnell miteinander verarbeitet.

Ein Erlebnis kann einfach nur wahrgenommen und gespeichert werden. Es kann aber auch dazu führen, dass man sich aufregt, ärgerlich wird, Aggressionen entwickelt oder Ängste.

Bei derartigen Verarbeitungen spielen folgende Bereiche eine Rolle: Mittel der Sinne, Mittel der Tradition, Mittel der Vernunft, Mittel der Intuition, Mittel des Unbewussten und schließlich die Mittel der körperlichen Funktionen.

Wenn wir uns diese Entwicklungskette anschauen, sehen wir, dass wir uns in einer unangenehmen Situation nicht notwendigerweise ängstigen oder ärgern müssen. Wir können auch anders reagieren. Weil wir nicht nur das Produkt unserer Vorerfahrungen und unserer Umwelt sind, können wir auch selber unser Erleben beeinflussen. Wir verfügen über Möglichkeiten, selbst in unser Leben aktiv einzugreifen und Risikofaktoren abzubauen.

Dafür sind drei Schritte zu berücksichtigen:

1. Worüber ärgere ich mich eigentlich? Was bereitet mir Angst, Unbehagen und Freude?
2. Welche Möglichkeiten habe ich, das Problem zu lösen?
3. Welche Ziele stehen hinter meinem Handeln? Was würde ich machen, wenn ich keine Probleme und Beschwerden hätte?

**Jeder Mensch strebt letztlich nach Glück und Selbstverwirklichung. Jedoch werden die Mittel auf dem Weg dorthin oft einseitig gewählt. Ausschlaggebend für ein ausgewogenes Seelenleben ist die Fähigkeit, positiv und kreativ zu denken. Diese Eigenschaft, die dem westlichen Menschen nahezu abhanden gekommen ist, können wir durchaus wieder erlernen.**

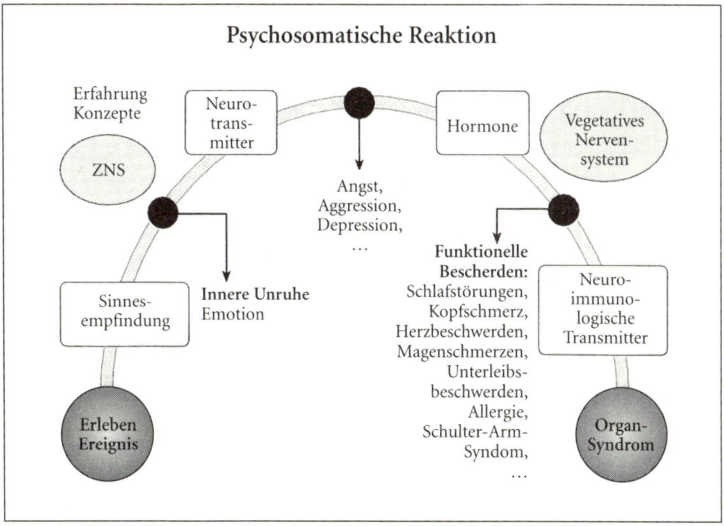


*Psychosomatische Reaktion nach Prof. Dr. med. Nossrat Peseschkian*

## Fragen Sie sich selbst!

Die vier Möglichkeiten der Konfliktverarbeitung, das »Vierergespann«, ähnelt einer Waage, die immer ein ausgewogenes Verhältnis von je etwa einem Viertel haben muss, um ein seelisches Gleichgewicht zu garantieren. Wenn diese »Waage« in der Lebenspraxis durch Flucht in die Krankheit (Körper), Flucht in die Arbeit (Leistung), Flucht in die Geselligkeit oder auch Einsamkeit (Kontakt), aber auch Flucht in Träume (Phantasie) aus dem Gleichgewicht gerät, reagiert der Mensch mit psychischen und psychosomatischen Erkrankungen. Diese vier Bereiche der Konfliktverarbeitung korrespondieren mit den Medien der Erkenntnisfähigkeit, mit deren Hilfe wir uns mit der Realität in Beziehung setzen. Dies alles wirkt sich natürlich auf Beruf- und Privatleben gleichermaßen aus, da sich beide Bereiche gegenseitig durchdringen und in Wechselwirkung zueinander stehen. Deshalb fragen wir auch nach den Beziehungen eines Menschen zu den folgenden Kategorien:

- Wie ist mein Verhältnis zu mir selbst?
- Nehme ich mir Zeit für meine körperlichen Bedürfnisse wie Schlaf, Nahrung, Bewegung und Sport, Sexualität, Körperkontakt, Zärtlichkeit, Gesundheit und Aussehen?
- Wie ist mein Verhältnis zum Beruf?
- Habe ich den Beruf freiwillig gewählt oder wurde ich in diesen Beruf gezwungen?
- Gab es keine anderen Angebote?
- Interessieren mich die Aufgaben, die mir gestellt werden?
- Arbeite ich nur, um Geld zu verdienen und mir etwas anderes leisten zu können?
- Oder ist der Beruf für mich Sinnerfüllung und inneres Bedürfnis geworden?
- Werde ich überfordert oder unterfordert?
- Gefällt mir zwar der Beruf, aber komme ich mit den Kollegen nicht aus?

- Wieweit kann ich einen Beitrag zur gesellschaftlichen Entwicklung leisten?
- Inwieweit berücksichtige ich ethische und moralische Fragen in meinen Beruf?
- Habe ich Konflikte in meinem Beruf?
- Wie ist das Verhältnis zu meinem Partner/meiner Partnerin und zur sozialen Umgebung?
- Habe ich einen guten Kontakt zu meiner Frau/meinem Mann, zu den Kindern?
- Nehme ich mir Zeit für meine Familie?
- Habe ich Vertrauen zu ihnen?
- Nehme ich Rücksicht auf meine Familie?
- Fordere ich nur Gehorsam und Höflichkeit oder lege ich Wert auf einen offenen Meinungsaustausch?
- Wie ist mein Verhältnis zu Verwandten, Freunden, Kollegen?
- Wie ist mein Verhältnis zu meinen Landsleuten und anderen Menschen überhaupt?
- Bin ich kontaktbereit, gesellig?
- Habe ich Vorurteile, Ängste oder Aggressionen gegenüber einzelnen Personen oder Gruppen?
- Wie ist das Verhältnis zur Zukunft: Bin ich mit der Gegenwart zufrieden oder unzufrieden?
- Sehe ich Entwicklungsmöglichkeiten oder Stillstand?
- Welche Ziele habe ich und welches sind die Ursachen meines Orientierungssystems?
- Welche Bedeutung hat für mich überhaupt das Leben? Wie stelle ich mir das Leben nach dem Tode vor?
- Bin ich bereit, offen meine Meinung zu sagen, auch auf die Gefahr hin, die freundlichen Blicke der anderen zu verlieren?
- Welche Beziehung habe ich zum musischen Bereich: Kunst, Malerei, Musik und Literatur?
- Wie verarbeite ich Schwierigkeiten, die in den anderen Bereichen auftreten?

## Der positive Umgang mit Einseitigkeiten

Die vier Bereiche der Konfliktverarbeitung sollen in einem ausbalancierten Verhältnis zueinander stehen. Unter diesem Gesichtspunkt sind folgende Aussagen Beispiele für Einseitigkeit:

- »Ich treibe Sport. In meinem gesunden Körper kann kein kranker Geist sein. Die ganze Psychologie ist Quatsch.«
- »Ich bin beruflich erfolgreich, wozu brauche ich eine Religion, wozu Meditation.«
- »Ich bin religiös und fromm, wozu brauche ich Medikamente, wenn Gott mir hilft.«
- »Ich war bei einem Internisten, wozu brauche ich einen Psychotherapeuten.«
- »Ich interessiere mich für Psychologie und gesellschaftliche Zusammenhänge, was können mir noch Propheten sagen.«

Für die Behandlung psychosomatischer Störungen kommt es vor allem darauf an, wie der Therapeut fachlich, geistig, sozial, religiös und weltanschaulich eingestellt ist. Es macht einen Unterschied, ob man den Menschen als besseres Tier sieht, oder versucht, ihn als eine Einheit von Körper, Seele und Geist zu begreifen.

- Vor allem in der Behandlung von älteren Menschen, aber auch in der Erziehung sollte dieser Einheit Rechnung getragen werden.
- Krankheiten entwickeln sich als Folge von Einheitsverlust, wenn einzelne Bereiche in ihrer Funktion gestört sind oder das Verhältnis der Bereiche zueinander verschoben ist.
- Betroffene wie Behandelnde sollten auch immer die unterschiedlichen Interpretationsmöglichkeiten im Blick behalten: Was dem einen als schwerwiegende gesundheitliche Beeinträchtigung erscheint, kann für einen anderen eine Bagatelle sein und umgekehrt.
- Schwere Krankheiten müssen nicht unbedingt die Hoffnung und Zuversicht eines Menschen zerstören.

- Im Bereich der Psychologie und Religion habe ich die Erfahrung gemacht, dass Hoffnungslosigkeit und das Gefühl der Sinnlosigkeit nahezu zu einer Volkskrankheit geworden sind. Das Gefühl der Hoffnungslosigkeit tritt auch dann in Erscheinung, wenn es zeitweilig gelungen ist, in einer Flucht in die Aktivität, Einsamkeit oder Krankheit auszuweichen.
- **Eine Frage, die immer wieder bei Klienten und Patienten auftritt, die unter Depressionen und Hoffnungslosigkeit leiden, ist die Frage nach dem Sinn des Lebens. Die Psychologie, insbesondere die Psychotherapie, versucht die verschüttete Hoffnung wieder auszugraben, durch Training der aktuellen Fähigkeiten das Selbstvertrauen und Vertrauen eines Menschen zu stärken und ihm im Hinblick auf seine Zukunft beizubringen, seine Ziele differenziert und erreichbar zu gestalten.**

---

**Merke**

- *Viele Menschen ruinieren ihre Gesundheit in der ersten Hälfte des Lebens, um zu Geld und Erfolg zu kommen, und geben dieses Geld in der zweiten Hälfte des Lebens aus, um wieder gesund zu werden.*
  Positive Psychotherapie

- *Der Erfolg ist eine Folgeerscheinung, niemals darf er zum Ziel werden.* Gustave Flaubert

- *Wir sollten lernen, eine Tat nicht nach ihrem Erfolg zu beurteilen, sondern nach der menschlichen Haltung, die sie offenbart.*
  O. Heuschele

- *Eine Illusion verlieren heißt, um eine Wahrheit reicher zu werden. Doch wer den Verlust beklagt, ist auch des Gewinnes nicht wert.*
  Arthur Schnitzler

- *Der Chef rüttelt den schlafenden Angestellten wach und brüllt: »Wissen Sie, was Sie sind?«*
  *»Ja, ein aufgeweckter Angestellter.«*

- *»Na, mein Sohn, was wünschst du dir zu Weihnachten?«*
  *»Drillinge!«*
  *»Was? Ich dachte, eher vielleicht ein Computerspiel.«*
  *»Spielzeug habe ich genug. Aber wer erarbeitet später meine Rente?«*

---

# Das fünfstufige Vorgehen der Positiven Psychotherapie im Rahmen der Beratung und Selbsthilfe in der zweiten Lebenshälfte

*Wenn du eine hilfreiche Hand brauchst,*
*so suche sie am Ende deines eigenen Armes.*

*Der Apfelbaum*
*Ich saß einmal bei einer Bahnfahrt neben einem jungen Mann, dem sichtlich etwas Schweres auf dem Herzen lastete. Schließlich rückte er damit heraus, dass er ein entlassener Sträfling und jetzt auf der Fahrt nach Hause sei. Seine Verurteilung hatte Schande über seine Angehörigen gebracht. Sie hatten ihn nie im Gefängnis besucht und ihm auch nur ganz selten geschrieben. Trotz allem hoffte er, dass sie ihm verziehen hatten. Um es ihnen aber leichter zu machen, hatte er ihnen in einem Brief vorgeschlagen, sie sollten ihm ein Zeichen geben, an dem er, wenn der Zug an der kleinen Farm kurz vor der Stadt vorbeifuhr, sofort erkennen könne, wie sie zu ihm stünden. Hatten die Seinen ihm verziehen, so sollten sie in den großen Apfelbaum an der Strecke ein weißes Band einbringen. Wenn sie ihn aber nicht wieder daheim haben wollten, sollten Sie gar nichts tun, dann werde er im Zug bleiben und weiterfahren, weit weg. Gott weiß, wohin.*
*Als der Zug sich seiner Vaterstadt näherte, wurde seine Spannung so groß, dass er es nicht über sich brachte, aus dem Fenster zu schauen. Ein anderer Fahrgast tauschte den Platz mit ihm und versprach, auf den Apfelbaum zu achten. Gleich darauf legte er dem jungen Sträfling die Hand auf den Arm. »Das ist er«, flüsterte dieser, und Tränen standen ihm plötzlich in den Augen, »alles in Ordnung. Der ganze Baum ist voll weißer Bänder.« In diesem Augenblick schwand alle Bitternis, die sein Leben vergiftet hatte. »Mir war«, sagte der Mann später, »als hätt' ich ein Wunder miterlebt.« Und vielleicht war's auch eins.*

Nach John Kord Lagemann

Einseitigkeiten lassen sich durch Berücksichtigung des Positiven Ansatzes vermeiden und in der fünfstufigen Beratung und Selbsthilfe aufarbeiten.

## 1. Stufe: Beobachtung / Distanzierung
## Hören Sie gut zu!

Auf dieser Stufe werden Informationen gesammelt. Es wird nach den vorliegenden Symptomen und Beschwerden gefragt, danach, wo und wie der Patient bisher behandelt worden ist, auch danach, welche Erklärungen für die Krankheit gegeben wurden. Aus der Positiven Deutung heraus interessiert der erstmalige Symptombeginn, der beschwerdeauslösende Moment. Mithilfe des transkulturellen Ansatzes wird nach den Sprachbildern geforscht. Wenn möglich, legt man sich selbst schriftlich darüber Rechenschaft ab, wem gegenüber und wann man sich geärgert oder gefreut und wie man darauf reagiert hat.

## 2. Stufe: Inventarisierung
## Stellen Sie gezielt Fragen!

Hier findet das Fragen nach den Life Events, nach den vier Formen der Konfliktverarbeitung, den Mikrotraumen und den Vorbilddimensionen statt.
Life Events (Lebensereignisse, Aktualkonflikt) Mit welchen Ereignissen wurde der/die Patient/in in den letzten fünf bis zehn Jahren konfrontiert? Wie wurden sie verarbeitet? Der/die Betroffene soll mindestens zehn bis zwölf Ereignisse nennen.
Vier Formen der Konfliktverarbeitung: Welchen Einfluss haben die Ereignisse auf das allgemeine Wohlbefinden, den Beruf, die Partnerschaft, die Familie und andere zwischenmenschliche Beziehungen und Zukunftsperspektiven gehabt? Welche Form der Konfliktverarbeitung wird bevorzugt?

Mikrotraumen: Welche der Aktualfähigkeiten wirken mikrotraumatisch? Diese geben die inhaltlichen Bedingungen individueller, familiärer und sozialer Konflikte wieder (innerer Konflikt).
Vorbilddimensionen (»Reise in die Vergangenheit« – Grundkonflikt): Wie wurde gelernt, auf Ereignisse und Konflikte so und nicht anders zu reagieren? Welche Konzepte und Symptome wurden in der Familie über Generationen praktiziert (Konzeptstammbaum, Ursprungsfamilie, Lebensphilosophie)?

## 3. Stufe: Situative Ermutigung
## Ermutigen Sie den Konfliktpartner!

Die positiven Auswirkungen von Ereignissen und Lebenskonzepten auf den Patienten und seine Familie werden bewusst gemacht. Diese positiven (konfliktarmen) Anteile des Patienten und seiner Familie werden kontinuierlich ermutigt.

## 4. Stufe: Verbalisierung
## Sprechen Sie offen über Probleme und Motive!

Probleme und nicht erlebte Bereiche werden konkretisiert, um die Probleme herauszufinden, die noch zu bearbeiten sind. Der Patient/die Patientin soll davon vier Probleme auswählen, die er/sie in den nächsten drei bis fünf Wochen angeht. Nach festgelegten Regeln wird Kommunikation mit dem Partner (Familiengruppe, Partnergruppe, Berufsgruppe) trainiert.

## 5. Stufe: Zielerweiterung
## Sprechen Sie über Zukunftspläne!

Hier sind die Ziele der Betroffenen und ihrer Familie in den nächsten drei bis fünf Jahren (Monaten, Wochen, Tagen) zu klären. Was würde er/sie gesundheitlich, beruflich, familiär und gesellschaftlich machen, wenn er/sie keine Probleme und Beschwerden mehr hätte?
Das fünfstufige Vorgehen ist ein Rahmenmodell, in dem eine ganze Skala von Möglichkeiten eingesetzt werden kann. Ein Medium, um die Ressourcen der Patienten und Klienten zu mobilisieren, sind Geschichten und Spruchweisheiten, die vom Therapeuten als Gegenkonzepte eingebracht werden können.
Bei familiären und partnerschaftlichen Problemen zeigt sich schon nach kurzer Zeit (nach sechs bis zehn Sitzungen) Einsicht in die partnerschaftlichen und familiären Konfliktmechanismen und damit einhergehend eine erhebliche Besserung der Beschwerden oder sogar Heilung.

## Fallbeispiel: Positiver Umgang mit Schmerzen

### 1. Stufe: Beobachtung und Distanzierung

Die 55-jährige, ledige, kinderlose Frau M. kommt zur Aufnahme zu einer geplanten gynäkologischen Operation. Sie ist eine kleine, von Statur kräftigere Frau, die durch die Kleidung gut sieben Jahre älter erscheint. Der Grund der Operation sind Unterbauchschmerzen, die sie im Zusammenhang mit ihrer Gebärmutter sieht, die sie sich nun entfernen lassen möchte. Ihr Frauenarzt riet ihr davon ab, aber sie bestand auf eine Einweisung zur Operation. Im Aufnahmegespräch erzählt sie nebenbei, dass die Unterbauchschmerzen seit genau eineinhalb Jahren stärker werden. Bei Nachfragen stellt sich heraus, dass sie seit zwei Jahren im Schuldienst als Grundschullehrerin tätig ist und seitdem unter zunehmenden Angst- und depressiven Zuständen leidet, verbunden mit Unterbauchschmerzen.

Bei weiteren Nachfragen stellte sich heraus, dass sie zuvor lange Jahre als Erzieherin gearbeitet hatte und sich ihren späten Berufswunsch über den zweiten Bildungsweg erfüllt hatte.

**Bereich Körper/Sinne**

Frau M. hält sich selbst für wenig attraktiv. Sie wisse, dass sie übergewichtig sei und dass sie nicht mehr zeitgemäße Kleidung trage. Sie wolle sich erst neue Kleidung kaufen, wenn sie acht Kilo abgenommen habe. Jedoch spiele das Essen, insbesondere in schlechten Zeiten, eine Rolle als »Aufheiterung«. Danach würde sie sich dann immer über ihr ungehemmtes Essen ärgern und schämen.

Zur Zeit stehen ihre Unterbauchschmerzen im Vordergrund. Sie glaube aber, dass die Schmerzen durch die Gebärmutter verursacht seien, und möchte deshalb die Operation durchführen lassen.

**Bereich Leistung/Arbeit**

Frau M. arbeitet seit gut zwei Jahren als Grundschullehrerin. Sie arbeite gerne mit den Kindern. Der Kontakt mit den Eltern der Schulkinder mache ihr jedoch Probleme, da sie gegenüber den kritischen und den in Frage stellenden Eltern nicht selbstsicher auftreten könne und diese zunehmend ihre Arbeit bei der Schulleitung in Frage stellen würden. Seitdem hätte sie Unterbauchschmerzen einschließlich Schlafstörungen. Von der Schulleitung fühle sie sich zu wenig unterstützt. Ihre Versagensängste und ihre Bauchschmerzen hätten sich nach einem desasterhaften Elternabend weiter gesteigert, so dass sie ihre Arbeit seit vier Wochen nicht mehr verrichten könne.

**Bereich Kontakt/Kommunikation**

Mit der Familie hat sie einen relativ guten Kontakt. Da sie Konflikte vermeiden möchte, sagt sie jedoch nicht immer das, was sie meint. Mit einer Freundin aus der Kollegenschaft kann sie jedoch über alles und über ihre Belastungen am Arbeitsplatz sprechen. Sie würde sie auch unterstützen und immer wieder »aufbauen«.

**Bereich Phantasie/Zukunft**
Durch die Belastung am Arbeitsplatz möchte sie nicht an die Zukunft denken.

**2. Stufe: Inventarisierung**
Bei der Bearbeitung des Balancemodells fiel auf, dass der Bereich Arbeit/Leistung ein großes – negatives – Gewicht hat. Ebenso der Bereich Körper/Sinne, in dem die körperliche Symptomatik im Vordergrund steht.
Im Bereich Kontakt/Kommunikation leidet die Patientin unter dem Konflikt in der Schule. Ihre Freundin stellt jedoch für sie einen immer wieder stabilisierenden Faktor dar. Der Bereich Zukunft und Phantasie kam gar nicht vor.

**3. Stufe: Situative Ermutigung**
Die Bewunderung der beruflichen Weiterqualifikation und der damit verbundenen Anstrengungen taten der Patientin sichtbar wohl. Frau M. wurde deutlich, wie sehr sie unter der Belastung am Arbeitsplatz leidet und dass dies mit ihren Schmerzen im Zusammenhang steht. Sie erkannte aber auch, dass ihr die Arbeit mit den Kindern Freude bereitet. Und dass sie eine gute Freundin an ihrer Seite hat, die sie ganz und gar unterstützt.

**4. Stufe: Verbalisierung**
Frau M. wurde deutlich, dass ihre Bauchschmerzen durch den Konflikt am Arbeitsplatz zumindest verstärkt würden. Sie stellte fest, dass nach der Operation die Wahrscheinlichkeit besteht, dass die Beschwerden weiterbestehen können und dass der Konflikt in der Schule gelöst werden müsse.
Sie erkannte, dass für ihre Probleme mit der Elternschaft und Schulleitung ihre Unsicherheit ein Grund sei und sie ihr Anliegen dadurch unsicherer ausdrücke.
Im Gedanken-Spiel konnte sie sich vorstellen, als klar strukturierte und selbstsicher auftretende Frau M. der Schulleitung und einzelnen Eltern

gegenüber ihre Meinung, Vorstellungen und Probleme formulieren zu können, ohne sich durch Fragen und Kritik verunsichern zu lassen.

**5. Stufe: Zielerweiterung**

Frau M. erkannte, dass sie an ihrem Auftreten und ihrem Selbstbewusstsein arbeiten muss, was sowohl den Bereich Körper als auch den Bereich Arbeit anging.

**Bereich Körper/Sinne**

Frau M. beschloss, sich ihrer Freundin anzuschließen, die regelmäßig in ein Fitnessstudio geht. Gleichzeitig wollte sie sie fragen, ob sie mit ihr einkaufen gehen könne, damit sie sich altersentsprechend und in der richtigen Größe einkleiden könne. Und nicht erst dann, wenn sie die acht Kilo abgenommen hätte.

**Bereich Leistung/Arbeit**

Frau M. will einen Rhetorikkurs besuchen, damit sie im Sprechen besser versiert ist. Elternabende wollte sie nach Wiederaufnahme des Schuldienstes nicht mehr alleine führen, sondern möglichst im Beisein einer Kollegin, die sie im Notfall unterstützen könne.

**Bereich Kontakte/Kommunikation**

Frau M. will lernen, ihre Ansichten und Bedürfnisse klar zu äußern, und versuchen, mit Kritik konstruktiv umzugehen. Sie will das zuerst mit ihrer Freundin und in ihrer Familie üben, um es dann auch im Arbeitsleben einzusetzen.

**Bereich Phantasie/Zukunft**

Frau M. will sich Zeit nehmen, die Vorhaben langsam in die Tat umzusetzen. Da keine akute Notwendigkeit für die OP bestand und sie Einsicht in ihre psychische Problematik erfahren hatte, war sie bereit, auf den Vorschlag einzugehen, eine Klinik für psychosomatische Beschwerden aufzusuchen.

Der anfängliche Gräuel bei dem Gedanken an die Schule ließ nach, und sie fasste wieder Mut, nach ihrer Genesung in den Schuldienst zurückkehren zu wollen und zu können.

---

**Merke**

***Du musst ein Ziel haben für dein ganzes Leben,***
***ein Ziel für eine bestimmte Epoche deines Lebens,***
***ein Ziel für einen bestimmten Lebensabschnitt,***
***ein Ziel fürs Jahr, für den Monat, für die Woche,***
***für den Tag, wie auch für die Stunde und Minute***
***und musst jeweils die untergeordneten Ziele den***
***übergeordneten opfern.***
**Leo N. Tolstoi**

*Wer recht behalten will,*
*bleibt allein. Erst recht,*
*wenn er wirklich recht hat.*
Liv Kortina

*»Was soll Ihr Sohn denn einmal werden?«*
*»Rechtsanwalt. Er diskutiert gern, mischt sich in anderer Leute Angelegenheiten, und da habe ich ihm geraten, er soll sich das bezahlen lassen.«*

*»Was liebst du am meisten an mir?«, fragt die Frau ihren Mann. »Meine natürliche Schönheit oder meinen wundervollen Körper?«*
*»Deinen Sinn für Humor.«*

---

# Liebe und Gerechtigkeit im Alter

## Trennung und Scheidung aus der Sicht der Positiven Psychotherapie

*Liebe ist wie ein Glas, das zerbricht,*
*wenn man es zu fest und zu locker anfasst.*

*Metapher: Ärgerlich*

*Einst ärgerte ich mich, dass ich lebte*
*Und ich lebte nur noch*
*Um mich zu ärgern dass ich lebte*
*Als ich mich eines Tages dabei ertappte*
*Wie ich mich freute*
*Dass ich mich ärgerte dass ich lebte*
*Ärgerte ich mich sogleich wieder*
*Nämlich weil ich mich freute*
*Dass ich mich ärgerte dass ich lebte*
*Eines Tages aber freute ich mich wieder*
*Diesmal jedoch nicht*
*Weil ich mich ärgerte dass ich lebte*
*Sondern einfach weil ich lebte*
*Denn ich sah nun ein*
*Dass es keinen Sinn hat*
*Sich zu ärgern dass man lebt*
*Denn würde man wirklich nicht leben*
*Könnte man sich nicht einmal darüber ärgern*
*Dass man lebt*
*Und das wäre wirklich ärgerlich*

Happy Schuller

Um aus einer belastenden Partnerschaft herauszukommen, werden oft Hals über Kopf Entscheidungen getroffen, die eine solche Fülle von Konsequenzen haben, dass die Partner häufig von der losgetretenen Lawine überrollt werden.
Zunächst ist der Partner, von dem der Trennungswunsch ausgeht, in einer scheinbar besseren Situation, denn er hat aktiv eine Entscheidung getroffen. Der andere Partner wird mit einer Tatsache konfrontiert, die er gefürchtet hat, die er aber nicht will. Unter dem Schock der Trennung oder der anwaltlichen Scheidungsankündigung muss er sich auf diese neue Situation einstellen und reagieren.
Die Unterstützung der Umwelt gilt meist dem Teil einer Partnerschaft, der verlassen wurde. Er wird mit guten Ratschlägen versehen und angehalten, »sich nichts gefallen zu lassen« und »dem anderen das Leben zur Hölle zu machen«.

## Fallbeispiel: Problembewältigung aus der Sicht von Frau S.

»Ich musste erkennen, dass ich meine Energie immer einseitig verteilt und einen großen Teil davon auf den Bereich der Phantasie konzentriert hatte. Dort habe ich schon immer Schutz gesucht, indem ich in eine Traumwelt flüchtete. Leider habe ich dadurch auch den Bezug zur Realität verloren.«
»Ich war völlig unfähig, eine neue Arbeit zu finden. Stattdessen war ich neidisch auf meinen Mann. Ich kritisierte seine Arbeitszeiten, obwohl ich genau wusste, dass diese berufstypisch unregelmäßig sind.«
»In meinem Elend habe ich mich von vielen Freunden und Bekannten zurückgezogen. Ich isolierte mich, weil ich nicht in der Lage war, ein Gespräch zu führen. Schließlich habe ich mehr und mehr Alkohol getrunken. Dadurch habe ich zwar meine Probleme erträglich gemacht; aber auch meine Gesundheit ruiniert. Alles wurde noch viel schlimmer, weil ich nicht in der Lage war, auf die Bedürfnisse meiner Familie einzugehen.«

»Irgendwann wurde mir bewusst, dass meine Probleme auf Einseitigkeit in diesen vier Bereichen beruhten. Daraufhin konnte ich in kurzer Zeit eine Tätigkeit finden, die mir jetzt große Freude macht.«
»Im Laufe der Zeit habe ich gelernt, zu meinen Gefühlen zu stehen, ohne die Höflichkeit, Rücksichtnahme und Sensibilität für andere völlig außer Acht zu lassen. Ich habe offene und ehrliche Beziehungen zu anderen Menschen entwickelt. Jetzt besuchen mich meine Kinder einmal im Monat. Wir führen gute Gespräche miteinander, und ich habe den Eindruck, dass sie gerne bei mir sind (...).«

**In der Trennungssituation ist die Atmosphäre zwischen den beiden Partnern emotional aufgeladen. Ein klares und klärendes Gespräch ist zwischen ihnen nicht möglich. Stattdessen werden böse Briefe gewechselt, und es wird um Nebensächlichkeiten gestritten. Leider kommt niemand auf die Idee, die Konsequenzen der Trennung, der Scheidung in allen vier Bereichen des Lebens möglichst vollständig zu erfassen und zu durchdenken. Dies wäre mit den folgenden Fragen möglich.**

## Spezielle Fragen

- Was bedeutet im Alter eine Scheidung für mich; was bedeutet sie für meinen Partner?
- Habe ich mit der Scheidung religiöse oder weltanschauliche Probleme?
- Wie stelle ich mir das Alleinsein im Alter vor?
- Werde ich neue Kontakte knüpfen können?
- Wie werde ich meinen Lebensunterhalt finanzieren können?
- Werde ich künftig arbeiten müssen und finde ich in meinem Alter überhaupt noch eine Arbeit?
- Werde ich in dieser Wohnung bleiben können?
- Muss ich umziehen?
- Wird mich mein Expartner finanziell unterstützen?

- Wie wird die Aufteilung unseres gemeinsamen Vermögens geschehen?
- Werden sich meine Freundinnen und Freunde zurückziehen?
- Wie werden die Eltern, Kinder und Verwandten reagieren?

Die ganze Tragweite einer Trennung oder Scheidung wird den Partnern erst im Nachhinein bewusst. Da der bisherige Bezugsrahmen wegbricht, wird die Veränderung des Lebens als äußerst stressig empfunden. Dieser Stress kann noch gesteigert werden durch die eigene Einstellung zu Partnerschaft und Treue. Manchmal wird der Stress nach der Trennung als wesentlich heftiger empfunden als der Stress, der sich aus der gestörten Partnerschaft ergeben hatte.
Im Umgang mit Trennung und Scheidung können wir drei verschiedene Typen beschreiben:

## Der Treue-Typ

Für ihn – wie für sie – gilt das Prinzip der Dauer, der Dauerhaftigkeit. Für die Partnerschaft ist der Treue-Typ durchaus bereit, größte Opfer zu leisten, ganz nach dem Motto: »Ich kann nicht allein sein«. Dafür nimmt er ohne Murren Unzuverlässigkeit wie Untreue, Pedanterie wie ständige Nörgeleien in Kauf. Von ihm wird wohl kaum eine Trennung ausgehen. Er sieht sich vielmehr als das Opfer der Trennung, unter der er für alle sichtbar leidet und die ihn depressiv werden lässt. Er hat ganz einfach Angst vor der Trennung, Angst vor der Selbständigkeit, schließlich auch Angst vor der Vorstellung: »Was werden wohl die Leute dazu sagen?«
Wer nach diesem Treue-Konzept zusammenlebt, für den gilt es, möglichst alle Konflikte zu vermeiden, die auch nur den Anklang an eine Trennung hervorrufen könnten. Alle Probleme werden verdrängt, obwohl sie die Partnerschaft für beide Beteiligten zur Hölle machen. Sollten Probleme auftreten, setzen sofort Widerstände ein: Die Schwierigkeiten werden auf andere projiziert. Ein Sündenbock wird

ausgesucht, meist ist es ein Kind oder ein naher Verwandter, dem die Rolle des Störenfrieds in der ansonsten doch so intakten Partnerschaft zugeordnet wird.
Als dritte Möglichkeit kommt es zur Symptombildung: Körperliche und psychische Störungen fungieren als Stabilisatoren der Partnerschaft.
**Das tragende Element einer solchen Partnerschaft besteht einzig und allein aus dem gegenseitigen Abhängigkeitswunsch.**

## Der Gerechtigkeits-Typ

Er orientiert sich an den sekundären Fähigkeiten und ist ganz und gar davon abhängig, dass das partnerschaftliche Zusammenspiel funktioniert. Aktualfähigkeiten wie Zuverlässigkeit, Pünktlichkeit, Ordnung, Sparsamkeit oder Leistung gelten für ihn als unverzichtbare Kriterien einer Partnerschaft.
Während der Treue-Typ eher depressiv ist, dominieren beim Gerechtigkeits-Typ die zwanghaften Strukturen. Oft wird bei Verstößen lieber die Trennung und Scheidung angestrebt, als dass Abweichungen von der idealen Norm ertragen werden. Dass der Gerechtigkeitstyp lieber eine rasche Ablösung anstrebt, liegt auf der Hand – auftretende Ängste werden verdrängt, aggressiv überkompensiert oder psychosomatisch verarbeitet. Im Bereich der primären Fähigkeiten ist ein Defizit charakteristisch. Beide Partner sind nämlich darauf angewiesen, dass die Aktualfähigkeiten optimal übereinstimmen und dass vor allem sekundäre Fähigkeiten vorliegen.
**Die scheinbare Leichtigkeit, mit der der Gerechtigkeits-Typ Trennungen vornimmt, sollte nicht darüber hinwegtäuschen, dass er dennoch starke Trennungsängste hat – die sich allerdings weniger auf die Person des Partners als vielmehr symbolisch auf die übernommenen Konzepte und damit auf die eigene Ursprungsfamilie beziehen.**

### Der Entlastungs-Typ

Er will sich ganz bewusst ablösen und bemüht sich mit aller Kraft darum, mögliche Anstrengungen des Partners zu torpedieren, eine Verbindung zu ihm aufrechtzuerhalten. Für die partnerschaftliche Problematik werden vor allem Infantilität, Unreife, ja Dummheit verantwortlich gemacht.
Der Entlastungs-Typ ist in der Regel hysterisch. Für ihn stellt die Person eines Treue-Typs die reine Provokation dar. Das einzige, was der depressive Treue-Typ dem entgegenzusetzen vermag, ist seine dadurch verstärkte Anhänglichkeit, die sich bis zu Suizidabsichten hochschaukeln kann.
Wenn zwei Entlastungs-Typen aufeinandertreffen, erreicht der eine durch sein Werben, dass der andere von ihm abhängig wird. Ist diese Abhängigkeit eingetreten, distanziert er sich und versucht sich von seinem Partner zu lösen. Diese Tendenz dauert so lange, wie der Partner sich um ihn bemüht, ja, um ihn kämpft. **Eine typische Reaktion ist: In dem Augenblick, in dem er sich endlich mühsam zu einer Entscheidung durchgerungen hat und von sich aus die Trennung betreibt, beginnt der Entlastungs-Typ erneut mit der Suche nach Gründen, die Partnerschaft fortzusetzen, und setzt den Partner massiv unter Druck, seine Entscheidung zurückzunehmen. Dabei bedient er sich auch Suiziddrohungen.**

## Liebe – die Fähigkeit, zu sich und anderen liebenswürdig zu sein

*Liebe lebt in liebenswürdigen Kleinigkeiten.*

### Fragen zur Liebe

- Akzeptieren Sie sich selbst?
- Mögen Sie Ihren eigenen Körper?

- Wer von Ihnen ist mehr geneigt, den anderen zu akzeptieren?
- Wollen Sie Ihren Partner am liebsten nur für sich allein haben?
- Fühlen Sie sich in einer größeren Gruppe geborgen oder bedrängt?
- Was bewegt Sie dazu, anderen Menschen etwas Gutes zu tun?
- Wurden Sie als Kind und später als Jugendlicher von Ihren Eltern akzeptiert?
- Waren Ihre Eltern großzügig oder sparsam mit Zärtlichkeiten, Liebesbeweisen und Zuwendungen?
- Waren Sie zu Ihren Kindern großzügig oder sparsam mit Zärtlichkeiten, Liebesbeweisen und Zuwendungen?

*Viele alte Leute sprechen von dem Nicht-Gesehen-Werden, das auch andere Minderheiten erleben. Man wird im Kaufhaus vom Personal übersehen, findet in der Alltagskultur kaum ansprechende Abbilder seiner selbst, wird zum Objekt von Pflichtbesuchen und Pflichtanrufen seitens der Familie – und niemand gibt einem mehr das Gefühl, man hätte irgendetwas Brauchbares mitzuteilen. Diese Erfahrung, dass keiner mehr zuhört, ist für Alte besonders kränkend. Dass sie die Menschen in ihrer Umgebung in schier unerträglich langweilige Gespräche verwickeln, scheint eine Art Rache für das Gefühl zu sein, als wertlos und bedeutungslos betrachtet zu werden.* G. Livingston

## Fragen zur Gerechtigkeit

- Was bedeutet Ihnen Gerechtigkeit oder Ungerechtigkeit?
- Wer legt mehr Wert auf Gerechtigkeit – Sie oder Ihr Partner?
- Ist Ihr Partner gerecht – gegenüber Ihren Kindern, Enkelkindern, Schwiegereltern, der Verwandtschaft, den Mitmenschen?
- Ist Ihr Partner Ihnen gegenüber gerecht?
- Was machen Sie, wenn Sie ungerecht behandelt werden, in der Familie oder im Beruf?
- Haben Sie Probleme mit Ungerechtigkeiten?
- Wurde in Ihrer eigenen Familie jemand bevorzugt?

- Wer von Ihren Eltern achtete Ihnen oder Ihren Geschwistern gegenüber mehr auf Gerechtigkeit?
- Wer in Ihrer Familie achtet bei Ihren Kindern oder Enkelkindern auf Gerechtigkeit?

**Anregung: Gerechtigkeit ohne Liebe hat nur die Leistung und den Vergleich im Blick. Liebe ohne Gerechtigkeit verliert die Kontrolle über die Wirklichkeit. Lerne beides zu vereinigen: Gerechtigkeit und Liebe. Zwei Menschen gleich zu behandeln heißt, einen ungerecht behandeln.**

---

**Merke**

*Ein bisschen Eifersucht ist*
*das Salz in der Suppe.*
*Aber man kann bekanntlich*
*eine Suppe auch versalzen!*

*Die meisten Frauen setzen*
*alles daran, einen Mann zu ändern.*
*Und wenn sie es geschafft haben,*
*mögen sie ihn nicht mehr.*
Marlene Dietrich

*Wenn die Ehe nicht wäre,*
*müssten Mann und Frau mit*
*wildfremden Leuten streiten.*

*Nichts ist so schlecht,*
*dass es nicht auch eine*
*gute Seite hätte.*

*»Wenn ich Ihre Ehefrau wäre, dann würde ich Gift in Ihren Tee tun.«*
*»Wenn ich Ihr Ehemann wäre, dann würde ich den Tee sogar trinken!«*

*»Wenn jemand dich gekränkt und ungerecht*
*behandelt hat, war er entweder schwächer oder stärker als du.*
*War er schwächer als du, dann schone ihn.*
*War er stärker als du, dann schone dich.«*
Positive Psychotherapie

## Zusammenarbeit zwischen Religion als Sinngebung und Wissenschaft als Sinnfindung im Zeitalter der Globalisierung und Radikalisierung

*Ein Atheist ist ein Mensch, der die Existenz*
*eines anderen Gottes außer sich nicht zulässt.*
Positive Psychotherapie

*Das Prinzip der leeren Tasse*
*Ein Studierter hörte, dass ein alter Mann über eine besondere Art von Weisheit verfüge. Die wollte er erlernen.*
*Er besuchte den alten Mann in seiner einfachen Behausung.*
*Der stellte eine volle Tasse vor ihn und begann Tee einzuschenken.*
*Der Besucher wunderte sich und meinte, in die bereits volle Tasse passe doch nichts mehr hinein.*
*Da antwortete ihm der Alte: Du kommst mir genauso vor!*
*Wie soll in dich noch etwas hineinpassen von dem, was ich weiß, wenn du so übervoll mit deinem Wissen zu mir kommst?*

### Religion und Wissenschaft

Religion ist wie ein Heilmittel, das dem Wesen des Menschen angemessen wirkt. Sie kann aber nur dann sinnvoll sein, wenn sie den Erfordernissen, Bedürfnissen und Nöten des Menschen entspricht und die Entwicklung (das Prinzip der Zeit), die Relativität und die Einheit berücksichtigt. Wenn eine falsch verstandene Religion zu Störungen führt, zu Fixierungen, Hemmungen der Entwicklung, Starrheit der intellektuellen Abwehr, muss sie Unsinn sein: Wie Feuerbach sie statt als Theologie als Pathologie bezeichnete, Marx und Engels von Religion als Opium für das Volk sprachen und Freud sie als Versicherungsanstalt karikierte.

## Glaube, Religion und Kirche

Allem Anschein nach handelt es sich bei dem Missverständnis Religion nicht um eine tatsächliche religiöse Schwäche, eine Unfähigkeit des modernen Menschen, zu glauben, sondern um eine Schwäche, zwischen Glaube, Religion und Kirche zu unterscheiden.

**Glaube:** Dem Wesen nach bedeutet der religiöse Glaube eine seelische Beziehung zum Unbekannten und Unerkennbaren. Da der Schöpfer (Gott, Allah, Jehova, Ur-Wesen, Totalität oder die Ur-Energie) seinem Wesen nach unerkennbar ist, bedarf es des Glaubens, um mit ihm in Beziehung zu treten. Der Glaube ist eine Fähigkeit des Menschen.

**Religion:** Da der Mensch eine besondere Haltung gegenüber dem Unbekannten besitzt, hat er seit jeher auf die Stifter der Religionen und die Begründer von Weltanschauungen angesprochen. Religion als überindividueller Glaube ist ein kulturelles Phänomen und eng mit der Entwicklung der Geschichte verbunden. In welcher Form sich die Glaubenswahrheit der Religion offenbart, hängt von dem jeweiligen Entwicklungsstand, dem Bedürfnis und dem Verständnis der Menschen in einer bestimmten geschichtlichen Situation ab. Zu welcher Religion sich ein Mensch bekennt, wird zumeist von den Erziehern und der jeweils gültigen Erziehungstradition festgelegt. Das Kind glaubt die Inhalte, die ihm vermittelt wurden – und oft greift der Mensch im Alter darauf zurück.

Der eine Teil der Religion ist geistig, transzendent und wesentlich (erstrangige Religion). Dieser Teil kann als unabhängig von der Entwicklung gelten, da er als Glaubenswahrheit das Wesen des Seins betrifft. Der zweite Teil der Religion (zweitrangige Religion) besteht aus zeitlichen Werten und gesellschaftlichen Normen. Sie verändern sich entsprechend der soziokulturellen Entwicklung der Gesellschaften. Zu ihr gehören die Verbote und Gebote der einzelnen Religionen.

**Kirche:** Die Kirche ist die Institution der Religion, ihre Organisationsform und Verwaltung; der Begriff steht für alle Formen religiöser oder weltanschaulicher Institutionen. Die Kirche neigt zur Verselbstständigung gegenüber der Religion. Es verhält sich mit der erst- und zweitrangigen Religion ähnlich wie mit Schale, Fleisch und Kern einer Frucht. Wird in einer Religion nicht der Einfluss der Zeit und der Geschichte berücksichtigt, können erst- und zweitrangige Religion leicht miteinander verwechselt werden, das Verhältnis Glaube – Religion – Kirche erscheint verzerrt: Schale und Kern werden nicht differenziert. Die zeitbedingten religiösen Äußerlichkeiten, Rituale und Dogmen – die Schale – rücken in den Vordergrund, während die eigentlichen religiösen Inhalte – der Kern – verdrängt werden. Dadurch kommt es zu einer Verschiebung von Form und Inhalt: zum Missverständnis.

**Ein Beispiel:** Religionen sagen, dass wir nicht lügen sollen. Die Psychologie fragt, warum ein Mensch lügt, warum ein anderer, wenn er belogen wird, das Vertrauen verliert, warum sich jemand prahlerisch und überhöht darstellen möchte, warum ein anderer sich nach außen hin geringer darstellt, als er in Wirklichkeit ist. Die Religion selber ist zu einem Teil Gegenstand der Psychologie. Dabei steht weniger die Religion selbst auf dem Prüfstand als vielmehr die Verhaltensweisen und Einstellungen der einzelnen Gläubigen und der Gruppe der Glaubensgemeinschaft. Man fragt, warum jemand sich im religiösen Bereich fixiert, dogmatisch wird und Vorurteile entwickelt; warum jemand mit aller Macht die religiösen Inhalte und Formen über Bord werfen möchte und warum man heute dazu neigt, Religion vielleicht mehr zu tabuisieren als früher die Sexualität. Oder warum jemand dazu neigt, wie ein Rohr im Wind zwischen den einzelnen religiösen Auffassungen hin- und herzuschwanken, und sich nicht mit einer Religion identifizieren kann.

- Die Geschichte erweist, dass keine Kultur sich ohne Religion entwickelt hat. Archäologen und Anthropologen haben selbst in den primitivsten Kulturen religiöse Elemente gefunden. Da die Religion seit Anbeginn der Zeiten durch alle Epochen und Wechselfälle der Menschheitsgeschichte hindurch bestanden hat, lässt sich logisch schließen, dass sie einem Bedürfnis, einem Zweck dient und demnach eine Funktion oder sogar eine Vielzahl von Funktionen hat.

- Fachleute auf vielen Gebieten haben die Bedeutung religiöser Institutionen für die Entwicklung der Gesellschaft bestätigt. Emile Durkheim glaubt, dass die Religion Quelle aller Hochkulturen ist. Max Weber stellt in seinen Schriften fest, dass die ganze Geschichte hindurch die Religion einer der bedeutenden dynamischen Faktoren gesellschaftlicher Veränderungen war. Die Geschichtsschreibung einschließlich der Arbeiten Toynbees ist voll von Deutungen der Beziehungen zwischen Universalkirchen und Zivilisation. Der französische Historiker Fustel de Coulanges, Verfasser von »Die alte Stadt« (1864), glaubt, dass vor allem anderen religiöse Ideen die eigentliche Quelle gesellschaftlicher Veränderungen sind. Und der britische Gesellschaftsphilosoph Benjamin Kidd versichert, die Religion sei die Haupttriebfeder der sozialen Entwicklung.
- Gleichzeitig lehrt die funktionelle Theorie der Soziologie und Psychoanalyse, dass eine institutionelle Struktur gebildet worden ist, um eine Funktion zu erfüllen. Die Institution muss ein praktisches Bedürfnis der Gesellschaft befriedigen. Wenn sie keinen Sinn und keine Aufgabe hat, wird sie zu existieren aufhören.
- Jede Religion gibt dem Menschen so viel zu verstehen, wie er entsprechend seiner Entwicklung verstehen kann. Die Lehren der früheren Religionen, insoweit sie den Erkenntnissen unserer Zeit widersprechen, sind nicht falsch, sondern unzeitgemäß.

## Woran kann ich einen Schöpfer erkennen?

Unsere eigene Existenz, unser Sein, lässt uns nach einem Schöpfer fragen, da die materielle Wirklichkeit nicht ausreicht, alles zu erklären.
Es gibt eine Vielzahl von Überlegungen; hier einige:

- Der Mensch als Teil der Natur verfügt über Fähigkeiten, die in keinem anderen Bereich der Natur vorkommen. Es ist aber kaum denkbar, dass ein Teil der Natur, nämlich der Mensch, etwas besitzt, was in der Natur nicht vorhanden ist. Hier bedarf es wohl einer anderen Quelle der Erklärung.
- Das Prinzip der Ordnung: Der Stoffwechsel einer Pflanze funktioniert mit faszinierender Genauigkeit und spiegelt eine große Ordnung wider.
- Das Prinzip der Bewegung: Alle Materie, so fest sie erscheinen mag, besteht aus sich bewegenden Elementen. Bewegung findet sich in allen Dingen der Natur. Wer hat aber den Anstoß für die erste Bewegung gegeben? Das Naturgesetz, welches für jede Bewegung einen Anstoß fordert, kann hier nicht zur Erklärung dienen.
- Das Prinzip der Zielsetzung (Finalität): Jede Pflanze birgt schon in ihrem Samenkorn einen unumstößlichen Plan ihrer Entwicklung, vom Keimling bis zum Reifen der Frucht. Dieser Plan scheint die gesamte Natur zu durchziehen. Ohne »Planer«, aus Zufälligkeit heraus, scheint dies unmöglich.
- Unterteilen wir die Welt in vier Seinsstufen: die Mineralien; die Pflanzen; die Tiere; die Menschen. Jede Stufe ist durch Eigenschaften charakterisiert: Mineralien durch Anziehung und Absetzung, Pflanzen durch Stoffwechsel und Wachstum, Tiere durch Verhalten und Gefühle, Menschen durch Bewusstsein. Jede Stufe verfügt außer den für sie typischen Eigenschaften über die Eigenschaften der vorhergehenden Stufen. Umgekehrt aber kann keine Stufe Eigenschaften der ihr übergeordneten Stufe erreichen und erfassen.

***Die zeitliche Begrenztheit des Lebens auf Erden hat den Menschen zu allen Zeiten Angst bereitet. Aber wir verhalten uns doch meist so, als ob wir ewig lebten. Jedoch hinterlässt jedes Individuum dort, wo es lebt und wirkt, seine Spuren. So findet es in den nachfolgenden Generationen einen Nachhall. Auf diese Weise stellt der einzelne Mensch, wie schon Leibniz festgestellt hat, ein Glied in der Kette der Generationenfolge dar.*** Prof. Dr. med. Raymond Battegay

## Aussagen der Wissenschaftler und Nobelpreisträger

- *Die Naturforscher wollten Gott von Angesicht zu Angesicht sehen. Da das nicht möglich war, beteuerte ihre exakte Wissenschaft, dass es ihn nicht gebe. Um wie vieles sind wir Naturforscher bescheidener geworden! Wir beugen uns in Demut vor dem Übergroßen, vor dem Übermächtigen, dem ewig Unsichtbaren, dem niemals Erfasslichen.* (Max von Laue, 1879–1960, deutscher Physiker, Direktor am Max-Planck-Institut für Physik in Berlin, Nobelpreisträger 1914)

- *Jedem tiefen Naturforscher muss eine Art religiösen Gefühls nahe liegen, weil er sich nicht vorzustellen vermag, dass die ungemein feinen Zusammenhänge, die er erschaut, von ihm zum ersten Mal gedacht werden. Im unbegreiflichen Weltall offenbart sich eine grenzenlose überlegene Vernunft. – Die gängige Vorstellung, ich sei ein Atheist, beruht auf einem großen Irrtum. Wer es aus meinen wissenschaftlichen Theorien herausliest, hat diese kaum begriffen.*« Albert Einstein

- *Wenn unser Verstand nicht zwischen Dogmen, Aberglauben und Vorurteilen auf der einen und der Wahrheit auf der anderen Seite unterscheidet, so können wir nicht zum Ziel gelangen.*
  Aus den Bahaí-Schriften

- *Der erste Trunk aus dem Becher der Naturwissenschaft macht atheistisch, aber auf dem Grund des Bodens wartet Gott.*
  Werner Heisenberg, Nobelpreisträger

- *Allen Religionen ist der Umstand gemeinsam, dass sie den Menschen die Zuversicht verleihen, nach dem irdischen Tode in Ewigkeit weiterzuleben. In den monotheistischen Religionen ist der Glaube an das ewige Leben der menschlichen Seele verankert. Religionen vermitteln aber auch ein Gemeinschaftsgefühl; der gemeinsame Glaube vermag die Gläubigen zu stärken. Allerdings können sich religiöse Gemeinschaften auch in Fanatismus und Gewalt verrennen, wenn sie für sich jeweils Absolutheit beanspruchen. Andersgläubige Menschen können so zu Feindbildern werden. Schon allein die Ordnung, die sich aus den Einsteinschen Erkenntnissen ergibt, könnte auf die Existenz einer höheren Instanz hinweisen. Diese ist zwar für uns rational nicht fassbar. Wenn wir dennoch von Gott als Schöpfer sprechen, so drücken wir dadurch auch die Ehrfurcht vor der unfassbar mächtigen Kraft aus, gemäß deren Plan die Welt ihren Ursprung nahm und sich weiter entwickelt.* Raymond Battegay

- *Nichts hindert uns, die Weltordnung der Naturwissenschaft und den Gott der Religion zu identifizieren.* Max Planck

- *... den größten Respekt und die größte Bewunderung für alle Ingenieure, besonders für den größten unter ihnen: Gott!*
  Thomas A. Edison

- *Je mehr das Feld der Wissenschaft sich erweitert, desto zahlreicher und unverwerflicher werden die Beweise für die ewige Existenz einer schöpferischen und allmächtigen Weisheit.*
  Friedrich Wilhelm Herschel, 1738-1822, deutscher Astronom, Entdecker des Planeten Uranus

- *Den ewigen, unendlichen, allwissenden und allmächtigen Gott habe ich vorüberziehen sehen, und ich bin vor Ehrfurcht in die Knie gesunken.* Karl von Linné

- *Ich bin auf meine Art gläubig geworden durch das Mikroskop und das Naturbetrachten. Ich will, was ich kann, dazu beitragen, Wissen und Religion ganz zu vereinen.*
  Carl Ludwig Schleich

- *Leute, die wenig von Wissenschaft wissen, und Leute, die wenig von Religion verstehen, mögen sich einmal streiten, und die Zuschauer mögen denken, da streiten sich nun die Wissenschaft und der Glaube, während es sich in der Tat um einen Zusammenstoß zwischen zwei Arten von Unwissenheit handelt.* Robert Andrews Millikan, 1868–1953, amerikanischer Physiker, Nobelpreisträger 1923

- *Die wunderbare Einrichtung und Harmonie des Weltalls kann nur nach dem Plane eines allwissenden und allmächtigen Wesens zustande gekommen sein. Das ist und bleibt meine letzte und höchste Erkenntnis.* Isaac Newton

---

**Merke**

*Erfahrung ist eine strenge*
*Lehrmeisterin: Sie stellt erst*
*die Prüfungsfragen und erteilt*
*dann den Unterricht.*

*Man muss viel gelernt haben,*
*um das, was man nicht weiß,*
*fragen zu können.*
Jean-Jacques Rousseau

*Wer nichts weiß,*
*muss alles glauben.*
Marie von Ebner-Eschenbach

*Wer mit seinem Latein*
*am Ende ist, sollte*
*Spanisch lernen.*

*Pessimisten sind Menschen,*
*die sich über den Lärm*
*beklagen, wenn das Glück bei*
*ihnen anklopft.*

---

# Positiver Umgang mit Verlust, Trauer und Angst vor dem Tod unter Berücksichtigung des Alters

*Der Tod ist die vorläufige Abrechnung.*

*Es ist nur geliehen*

*Es ist alles nur geliehen*
*hier auf dieser schönen Welt*
*Es ist alles nur geliehen*
*aller Reichtum, alles Geld.*
*Es ist alles nur geliehen*
*jede Stunde voller Glück.*
*Musst Du eines Tages gehen,*
*lässt Du alles hier zurück.*

*Man sieht tausend schöne Dinge*
*und man wünscht sich dies und das*
*Nur was gut ist und was teuer*
*macht jedem Menschen heute Spaß.*
*Jeder will noch mehr besitzen*
*zahlt er auch sehr viel dafür.*
*Keinem kann es etwas nützen*
*es bleibt alles einmal hier.*

*Jeder hat nur das Bestreben*
*etwas Besseres zu sein,*
*schafft und rafft das ganze Leben.*
*doch was bringt es ihm schon ein.*
*Alle Güter dieser Erde,*
*die das Schicksal Dir verehrt,*
*sind Dir nur auf Zeit gegeben*
*und auf Dauer gar nichts wert.*

*Darum lebt doch Euer Leben*
*freut Euch auf den nächsten Tag.*
*Wer weiß schon auf diesem Globus*
*was der Morgen bringen mag.*
*Freut Euch an den kleinen Dingen*
*nicht nur an Besitz und Geld.*
*Es ist alles nur geliehen*
*hier auf dieser schönen Welt.*
Heinz Schenk

Früher galten die Alten oft als Weise, bei denen man sich Rat holte. Doch das trifft für die heutige Zeit kaum mehr zu. Alte Menschen erleben meist viele Verluste durch den Tod von Angehörigen, Freunden und Bekannten. Sie fühlen sich mehr und mehr einsam und allein in einer Umgehung, die ihnen immer weniger vertraut ist.
**Der alte Mensch sollte es vermeiden, in ständiger Trauer zu verharren. Er sollte vielmehr versuchen, mit anderen Menschen in Kontakt zu bleiben. Dies läge sicher auch im Interesse des lieben Verstorbenen. Alte Menschen sollten sich auf jeden Fall tunlichst nicht in ein Schneckenhaus zurückziehen. Denn gerade im Alter ist der zwischenmenschliche Kontakt von ganz besonderer Bedeutung.**

## Fallbeispiel: »Mit seinem Tod hat mir mein Mann das Geschäft und damit die Sorgen zurückgelassen!«

Eine 58-jährige Geschäftsfrau mit Depression und Angstzuständen nach dem Verlust des Ehemannes auf der Basis einer Identitätskrise. Zugrunde liegen Konflikte, die Bereiche wie Sparsamkeit, Genauigkeit, Ordnung, Ehrlichkeit und Hoffnung, Glauben, Zutrauen, Vertrauen und Zweifeln betreffen:
»Ich bin völlig niedergeschlagen und habe starke Depressionen. Nachts kann ich nicht mehr einschlafen, und wenn ich doch einschlafe, dann wache ich nach ein bis zwei Stunden wieder auf – schreiend und voller

Angst – und ich weiß nicht, wo ich mich befinde. Erst wenn ich den Lichtschalter gefunden habe, kann ich mich langsam wieder beruhigen. Ich habe das Gefühl, dass mir alles über den Kopf wächst. Ich bin oft sehr gereizt.
Die Beschwerden haben vor zwei Jahren begonnen, als mein Mann an einem Herzinfarkt starb. Er war beruflich völlig überlastet und nahm sich die finanziellen Schwierigkeiten seines Geschäftes im wahrsten Sinne des Wortes zu Herzen. Ein Mitarbeiter meines Mannes, dem er viel anvertraut hatte, führte die Bücher nicht korrekt genug, so dass wir Schwierigkeiten mit dem Finanzamt bekamen. Dann verschwanden immer wieder Waren. Mein Mann kam darüber einfach nicht hinweg.
Mit seinem Tod hat er mir das Geschäft und damit die Sorgen zurückgelassen. Ich weiß nicht, wem ich die Geschäftsführung anvertrauen soll. Ich habe zu niemandem Vertrauen, auch zu mir nicht, weil ich das niemals gelernt habe und jetzt auch schon total überfordert bin. Die Vorstellung, dass unser Geschäft langsam aber sicher wegen meines Unvermögens in Konkurs geht, bringt mich völlig zur Verzweiflung. Ich stelle mein Leben in Frage. Ich weiß einfach nicht mehr, wozu ich lebe.«

Die Identitätskrise bezieht sich in diesem Fallbeispiel auf die Kosmische Identitätsproblematik im Sinne der Lebensziele, aber auch auf die menschliche Identitätskrise (mangelnde Energieverteilung auf die vier Qualitäten des Lebens) und die Alltagsidentität im Sinne einer mangelnden Konfliktbewältigungsstrategie.
Die Patientin versuchte nun selbst, durch die oben angeführte Metapher angeregt, ihre Umgebung, ihren verstorbenen Partner, Mitmenschen und sich selbst neu zu erfahren. Es wurde für sie eine Entdeckungsreise in ein bisher fast unbekanntes Land. Die Patientin schwieg eine Weile und überlegte angestrengt: »Ich glaube, die Geschichte trifft tatsächlich auf mich zu« Von hier aus wurde der konstruktive, konfliktzentrierte Einstieg in die psychosoziale Norm Sparsamkeit und Gerechtigkeit möglich.

## Therapieverlauf

Die Behandlung erfolgte im Rahmen der fünfstufigen Psychotherapie. Ich erklärte ihr neurophysiologische Zusammenhänge und die Todesnähe. Die Patientin fühlte sich verstanden und wusste, in welche Richtung die Therapie gehen würde. Sie erkannte, welch große Bedeutung die Auseinandersetzung mit dem Tod für sie hatte. Nachdem sie gelernt hatte, zwischen dem »bedingten Schicksal« – der Einstellung zu Tod und Verlust – und dem »bestimmten Schicksal«, also dem Tod selbst, zu unterscheiden, konnte ich sie fragen, wie sie sich ihren eigenen Tod vorstelle. Ich nannte ihr Krankheiten wie Schlaganfall oder Herzinfarkt, Krebs oder Multiple Sklerose. Die Patientin hatte mit solchen Fragen nicht gerechnet. Sie reagierte zunächst schockiert, zeigte sich dann aber interessiert. Bis zum nächsten Termin erstellte sie eine Liste mit fünfzehn Krankheiten und beschrieb ihre Einstellung zu jeder zum Tod führenden Erkrankung.
Schließlich kam sie zu dem Schluss, dass sie von sich aus nicht festlegen könne, wie sie sterben möchte, und dass sie dies den höheren Kräften überlassen wolle. Da sie die Verluste durch die Todesfälle bisher als Ungerechtigkeiten empfunden hatte, wurden die Aktualfähigkeiten Gerechtigkeit und Glaube im Zusammenhang mit dem Thema Tod thematisiert und bearbeitet. Zusätzlich erhielt sie leicht antidepressiv wirkende Medikamente. Aussagen über den Tod und das Leben nach dem Tod von bekannten Nobelpreisträgern wirkten als Mediatoren zwischen dem Therapeuten und der Patientin.
Auch ihre Kontaktprobleme wurden bearbeitet. Denn wegen ihrer überbetonten Ordnungseinstellung hatte sie kaum Kontakte. Nach 25 Sitzungen war sie in der Lage, Ziele für die nächsten drei bis fünf Tage, die nächsten Wochen, Monate, ja sogar Jahre zu formulieren und verstand den Sinn ihrer Krankheit: »Lieber sinnvoll leben, dienen und sterben, als ein Leben lang mit Angst zu leben, um vom Todesengel fernzubleiben.«

## Tod und Trauer in verschiedenen Kulturen

- Jede Kultur geht anders um mit Tod und Trauer. Ethnologen haben festgestellt, dass selbst unter den primitivsten Völkern die Haltung dem Tod gegenüber wesentlich komplexer ist, als gewöhnlich angenommen wird. Dies zeigen schon unterschiedliche Verhaltenskonzepte bei Krankheit und Tod in Ost und West.
- Auf den Tod eines nahestehenden Menschen reagieren wir mit Trauer, die unterschiedlich intensiv und lang sein kann. Der Volksmund spricht von einem Trauerjahr. Nun sagt man: »Die Zeit heilt alle Wunden«. In dieser Ausdrucksweise spiegelt sich die allgemeine Erfahrungstatsache wieder, dass man bei der Trauer verschiedene Phasen unterscheidet. Alte Bräuche erleichterten den Umgang mit dem Sterben. Das ist wichtig für die Trauerarbeit.
- Die Todesanzeigen in den Zeitungen verraten, dass sich die Menschen heute im Umgang mit dem Tod schwertun. Wenn trauernde Hinterbliebene das Ableben eines Angehörigen anzeigen, ist die Rede davon, dass der oder die Verstorbene »sanft entschlafen« oder »heimgegangen« ist, von ihren »Leiden erlöst« wurde oder »unerwartet verschied«. In einer Zeit, in der die Mehrzahl der Menschen im Krankenhaus oder auch zu Hause alleine oder im Beisein nur der allernächsten Verwandten stirbt, erfährt kaum noch jemand, dass Sterben zum Leben gehört.
- Der Gedanke an den eigenen Tod wird weitgehend verdrängt oder tabuisiert. Von Beileidsbekundungen – so wird vielfach gebeten – ist im Trauerfall ebenfalls abzusehen. Die erforderlichen Formalitäten und Vorbereitungen zur Beerdigung werden von den Bestattungsunternehmen geregelt. So bleibt kaum noch Raum für altüberlieferte Bräuche, die früher einen wichtigen Beitrag zur Bewältigung von Trauer und Leid geleistet haben.
- Lerne zu unterscheiden zwischen dem Tod als Schicksal und der Einstellung zum Tod, die durch Erziehung, Erfahrung, kulturelles Umfeld, Weltanschauung und Religion geprägt ist.
- **Der Tod ist eine Tatsache – er kann nicht abgeschafft werden. Die**

Einstellung zum Tod aber ist variabel und kann einem Lernprozess unterliegen. Ein wesentliches Ziel wäre es, die Todesangst wieder in eine Ehrfurcht vor dem Tode zu wandeln, eine Ehrfurcht, wie sie die Menschen früherer Jahrhunderte kannten.

## Bestimmtes und bedingtes Schicksal

*Jeder Mensch hat die Möglichkeit, etwas zu ändern, oder er muss lernen es zu ertragen.*

In der heftigen Trauerreaktion versucht ein Überlebender den Tod einer geliebten Bezugsperson zunächst nicht wahrhaben zu wollen, ihn zu überspielen oder rückgängig zu machen. Während die normale Trauerarbeit nach einer gewissen Zeit beendet ist, setzt sich die abnorme Trauerreaktion aus eigenen Kräften bis zur Erschöpfung fort.

Der Tod ist unser gemeinsames Schicksal. Er betrifft und trifft uns alle. Er ist uns bestimmt wie unsere Geburt. Geburt und Tod sind also *bestimmte Schicksale.* Unsere Einstellung zum Tod ist zu unterscheiden als ein *bedingtes Schicksal,* das durch unsere Erziehung, unsere Erfahrungen und unser kulturelles Umfeld bestimmt ist. Alle Religionen, so verschieden sie auch sein mögen, beschäftigen sich mit den Geheimnissen unserer Herkunft – also mit der Schöpfung wie der Geburt, mit den Geheimnissen von Gut und Böse, mit Leid und Gerechtigkeit wie mit dem Geheimnis unserer eigenen Zukunft – also mit dem Tod und mit der Frage nach einem Leben nach dem Tod.

Wir sind heute scheinbar allmächtig, nicht zuletzt wegen der perfekt scheinenden technischen Möglichkeiten. Die Technik funktioniert auf Knopfdruck. Mängel lassen sich rasch und mühelos beheben. Ähnliches scheint der heutige Mensch im Krankheitsfalle von der Medizin zu erwarten. In der Erziehung wird die Selbstständigkeit überbetont, und Krankheiten werden kaum noch ertragen.

Wer gesellschaftlich nicht funktioniert, wer krank oder behindert ist, der lebt oft am Rande der Gesellschaft und zieht sich häufig von selbst aus dem gesellschaftlichen Umfeld zurück. Das Thema Tod ist nicht mehr Bestandteil unseres täglichen Lebens. Es wird ganz einfach beiseite geschoben.

Folglich gibt es vermehrt Todesängste, Weltanschauungskrisen, existentielle Ängste und Flucht in Leistung, Sport und Krankheit.

Wie verschieden die Menschen auch sein mögen, so unterschiedlich reagieren sie, wenn sie erfahren, dass ihre Lebenszeit absehbar begrenzt ist. Manche von ihnen können durchaus angemessen mit den aufkommenden Gefühlen von Angst, Wut und Depression umgehen. Sie können letztlich mit einer inneren Ruhe ihre letzten Tage und Wochen erleben. Andere hingegen wirken unfähig, damit umzugehen. Für die Angehörigen wie für Pfleger kann sich ihre Unzufriedenheit als starke emotionale Belastung auswirken.

Gemäß den vier Qualitäten des Lebens hat die Todesangst vier Dimensionen:

- Angst vor Schmerzen und Leiden
- Angst vor Verlust des Berufes und der Selbstständigkeit
- Angst vor der Trennung von geliebten Menschen, verbunden mit der Angst, der Familie oder Angehörigen zur Last zu fallen
- Angst vor der eigenen Zukunft

## Vier Reaktionen auf Trauer

Es gibt vier Konfliktverarbeitungsmöglichkeiten, vier Phasen der Trauer. Diese Phasen gehen fließend ineinander über. Nicht für jeden Patienten haben diese Phasen die gleiche Gewichtung. Sie sollen aber helfen, den Patienten und seine Reaktionen besser zu verstehen.

*Verleugnungsphase*

Patienten benötigen intensiven Beistand, wenn ihnen bewusst wird, dass sie eine unheilbare Krankheit haben und dass der Tod in nicht allzu ferner Zukunft auf sie zukommt. Die intensive emotionale Beschäftigung mit dem Tod geht einher mit der Angst vor dem Sterben. Nicht selten verleugnen Todkranke die Schwere der Erkrankung. Sie fühlen sich hoffnungslos und empfinden das Leben als sinnlos.

*Wut und Verärgerung*
In der zweiten Phase kommen die Gefühle von Zorn und Ärger auf: »Warum gerade ich?«, »Womit habe ich das verdient?«, »Was habe ich falsch gemacht?«.
Der Patient entwickelt eine regelrechte Aggression, ja Wut gegenüber den anderen Menschen, die gesund sind. Manche Patienten setzen sich in dieser Phase mit Gott und der Schöpfung auseinander.

*Einsamkeit und Schuldgefühle*
Während der dritten Phase sieht sich der Patient Einsamkeits- und Schuldgefühlen ausgesetzt. Zu diesem Zeitpunkt können Depressionen auftreten.

*Heftige Trauer*
In der vierten Phase trauert der Patient mit aller Kraft um alle früheren Verluste: Er trauert um Dinge, die er getan oder vor allem nicht getan hat. Er trauert um Fehler, die er gemacht hat. Er trauert um die Zukunft des Berufes und die der Familie.
Die Frage, wie es ohne ihn weitergeht, beschäftigt ihn. Er verabschiedet sich von allem, was ihm lieb und wichtig ist. Der Patient versucht in dieser Phase, das eigene Schicksal anzunehmen.
Gemäß dem Modell der Positiven Psychotherapie verfügt jeder Mensch über vier Bereiche, die bei der Konfliktbewältigung eingesetzt werden können. Beim Umgang mit Sterbenden sind folgende Aspekte wichtig:

- die körperlichen Beschwerden des Patienten
- das Alter des Patienten

- die Sorgen um die Familie und deren Zukunft
- die Klärung der finanziellen Sicherheit
- die eigenen Erfahrungen im Umgang mit Sterbenden
- die religiösen Vorstellungen und Glaubensinhalte

---

**Merke**
**Die Hinterbliebenen wollen zunächst den Tod einer geliebten Person nicht wahrhaben. Sie versuchen ihn zu überspielen, ja »rückgängig« zu machen. Die normale Trauerarbeit wird nach einer angemessenen Zeit beendet sein, abnorme Trauerreaktionen hingegen können sich bis zur Erschöpfung fortsetzen – therapeutischer Beistand ist in solchen Fällen angebracht. Wie offen sprechen Sie dieses Thema bei sich in Ihrer Familie und Umgebung an?**

---

## Haben Sie bereits ein Testament gemacht?

- Materiell, psychologisch und geistig-spirituell (2–3 Seiten); »Was will ich denen, die es später lesen, mitteilen?«
- Dann und wann auf Beerdigungen, auf Friedhöfe gehen
- Gedenkfeier mit geistigem Teil, Erzählen der Anwesenden über eigene Verluste und sozialer, geselliger Teil
- Wie gehen Sie mit Verlusten außerhalb von Familie und Bekanntenkreis um? (Weltkrise, Kriege, Vorurteile)
- Was konnten Sie aus diesem Ereignis lernen, wie können Sie in Zukunft ihre 4 Bereiche der *–/+/Lebensqualitäten in Balance bringen?
- Was sind Ihre Lebensziele
  – für die restliche Zeit?
  – in den nächsten 12 Monaten?
  – in den nächsten 5 Jahren?
  – für den Rest Ihres Lebens?

- Was würden Sie machen, wenn Sie nur noch neun Monate zu leben hätten?
- Was sollte dann im letzten Kapitel Ihres Buches stehen?
- Buchempfehlungen (Bibliotherapie)
- Welche Visionen rufen diese Fragen bei Ihnen hervor?
- Welche Zielvorstellungen haben Sie – Zukunft, Familie, Land, Menschheit

**Sprüche und Lebensweisheiten**

*Zur Liebe gehört immer, dass man einen Menschen dort aufsucht, wo er ist, und nicht dort, wo man ihn haben möchte.* A. Kölsch

*Die Erinnerungen sind das einzige Paradies, aus dem wir nicht vertrieben werden.* Jean Paul

*Erfahrungen sind Erinnerungen, die man teuer bezahlen muss.*

*Der Tod ist kein Unglück für den, der stirbt, sondern für den, der überlebt.* Karl Marx

*Das Leben vergisst viele, der Tod keinen.* Hans Hermann Kersten

*Das Gute im Menschen wird erst ausgegraben, wenn man ihn begräbt.* Gerhard Uhlenbruck

*Die ewige Illusion, dass das Leben noch vor einem liege! Das Leben liegt immer hinter einem.* Wilhelm Raabe

*Bedenkt den eigenen Tod – den stirbt man nur. Doch mit dem Tod der anderen muß man leben.* Mascha Kaleko

# Psychosomatische Krankheitsbilder mit Fallbeispielen und ihr Zusammenhang mit dem Alter

*Gesund ist nicht jemand, der keine Beschwerden und Probleme hat, sondern wer in der Lage ist, mit ihnen angemessen umzugehen.*

Positive Psychotherapie

## Wie man im Alter ein Lebensgenießer wird!

Ein sehr alter Mann verließ niemals das Haus, ohne zuvor eine Handvoll Bohnen einzustecken. Er tat dies nicht etwa, um die Bohnen zu kauen. Nein, er nahm sie mit, um so die schönen Momente des Tages bewusster wahrzunehmen und besser zählen zu können.
Jede positive Kleinigkeit, die er tagsüber erlebte – z. B. einen fröhlichen Plausch auf der Straße, das Lachen seiner Frau, ein köstliches Mahl, eine feine Zigarre, einen schattigen Platz in der Mittagshitze, für alles –, was die Sinne erfreute, ließ er eine Bohne von der rechten in die linke Jackentasche wandern. Manchmal waren es gleich zwei oder drei.
Abends saß er dann zu Hause und zählte die Bohnen aus der linken Jackentasche. Er zelebrierte diese Minuten. So führte er sich vor Augen, wie viel Schönes ihm an diesem Tag widerfahren war, und freute sich. Und sogar an einem Abend, an dem er bloß eine Bohne zählte, war der Tag gelungen – hatte es sich zu leben gelohnt.

## Anregungen für Therapeuten, Berater und Mitmenschen

Lassen Sie Ihren Patienten und Klienten in der Vorstellung seine Zukunft neu erschaffen. Fragen Sie ihn, was er tun will, wenn er keine Beschwerden mehr hat.

Er muss ein lohnendes Ziel vor Augen haben, die angestrebte Situation geradezu sehen, hören, fühlen, riechen und schmecken können. Visualisierungsübungen lassen sich gut mit Geschichten, Lebensweisheiten und Entspannungsübungen verbinden.

## Bauen Sie auf den bereits vorhandenen Fähigkeiten auf

Jeder Mensch kann auf Erfolge und Misserfolge zurückblicken. Fragen Sie Ihren Patienten nach den Augenblicken, in denen ihm etwas zur Zufriedenheit gelungen ist. Halten Sie Ihren Patienten an, sich in die beste dieser Situationen zurückzuversetzen.
Er soll sich in der Vorstellung an den Ort zurückbegeben, sich aller – auch noch so nebensächlichen – Details erinnern, der anwesenden Personen, der gesprochenen Worte, an alle visuellen, akustischen und emotionalen Eindrücke. Was genau ist passiert? Wie hat er sich gefühlt? Auf der Basis eines früheren Erfolgserlebnisses lassen sich eine angemessene Strategie und die Motivation zur Veränderung der aktuellen Situation leichter entwickeln.

## Vermitteln Sie Freude an der Therapie und Beratung

Das ursprüngliche Motiv des Patienten, Sie aufzusuchen, ist sein Leidensdruck. Macht die Therapie keine Freude, wird er kaum länger an sich arbeiten, als sein Leidensdruck vorhält. Wirkliches Wachstum und volle Entwicklung finden in einer freudvollen Atmosphäre statt. Schaffen Sie die Voraussetzungen dafür, dass Sie selbst Freude an Ihrer Arbeit, an der Begegnung mit dem Patienten, empfinden und ausstrahlen können. Sie brauchen vor allem Zeit und Ruhe. Versuchen Sie nicht, eine Beratung in einer überfüllten Sprechstunde durchzuführen. Schaffen Sie besondere Termine außerhalb der regulären Praxiszeiten. Betrachten Sie eine ordnungstherapeutische Beratung auch für sich selbst als Gelegenheit zur Entspannung.

**Setzen Sie sich und den Patienten nicht mit anspruchsvollen therapeutischen Zielen unter Druck. Geben Sie dem Patienten Gelegenheit, sein Tempo selbst zu bestimmen. Ermutigen Sie ihn zu kleinen, seiner Motivation und seinem Angstniveau angemessenen Schritten. Verstärken Sie selbst kleine Fortschritte mit Anerkennung.**

Die nun folgenden psychosomatischen Krankheitsbilder sind angereichert mit Fabeln, Anekdoten und Fallbeispielen, die zeigen, wie Beschwerden, Konflikte und Probleme durch das fünfstufige Vorgehen der Positiven Psychotherapie konstruktiv bearbeitet werden können.

Die folgenden Krankheitsbilder stehen alle im Zusammenhang mit dem Alter. Sie können sich wechselseitig bedingen. In der Regel weisen die Patienten immer Ängste, Depressionen sowie die damit verbundenen psychovegetativen Störungen auf.
Ein jeder von uns kennt Gefühle von großer Traurigkeit, Niedergeschlagenheit, Hoffnungslosigkeit oder Sinnlosigkeit. Doch so wie das Leben Angst und Depression verursachen kann, so bezeugt die Angst das Leben.

## Positiver Umgang mit Angst, Depression und Suizid

Von den guten Gründen, nicht zu wollen, nehmen auch im Alter Ängste eine Sonderstellung ein. Ängste treten nur da in Erscheinung, wo eigentlich ein Wollen ist. Ängste sind somit Ausdruck einer guten Motivation. Sie müssen erkannt und thematisiert werden.

*Sprachbilder*
*voller Angst sein*
*mir ist angst*
*Angst machen*
*tausend Ängste haben*

*Angsthase*
*Angstschweiß*
*angstvoll*
*kalte Angst*

*Angst macht auch den Alten laufen.*

*Die Angst bringt die Lahmen auf die Beine.*

*Angst ist auch die Fähigkeit, die Gefahren des Lebens durch ein Vergrößerungsglas zu betrachten.*

*In der Angst frisst der Teufel Fliegen.*

*Wer Angst hat, ist leicht zu jagen.*

*Der Depressive hat die Fähigkeit, auf Konflikte mit tiefster Emotionalität zu reagieren.*

*Depression ist die Fähigkeit, bei der Wahl zwischen zwei Übeln sich für beide zu entscheiden.*

*Suizid heißt, das eigene Schicksal in die eigene Hand zu nehmen.*

## Angst ist die Fähigkeit, die Zukunft nicht dem Zufall zu überlassen

Hinter Nichtwollen verbirgt sich oft Angst, die der Patient rationalisierend abwehrt und die deshalb nicht ins Bewusstsein dringt.
In einer Zeit, in der die Werbung unaufhörlich das Ideal des schönen, glücklichen Menschen, der frei von Angst ist, beschwört, ist Angst nicht vereinbar mit dem eigenen Selbstideal. Sie ist nicht gesellschaftsfähig, sie ist Ausdruck dafür, dass einer nicht funktioniert.

Dabei gehört Angst zur biologischen Grundausstattung aller höheren Lebewesen. Sie ist für das Überleben unverzichtbar. Sie ist eine Grunderfahrung von Menschsein, philosophisch gesprochen eine *conditio humana*, ein Existenzial. Der Verleugnung von Angst steht die Zunahme von Angstkrankheiten gegenüber. In der Psychopathologie tauchen die verdrängten existentiellen Grundfragen wieder auf: Alter, Tod, Trennung, Einsamkeit, Sinnfragen, Schicksal, Unsicherheit.

## Drei Arten von guten Gründen und Ängsten

»Angst hat immer einen guten Grund« – genau das muss der Arzt seinem Patienten auch sagen. Das ist sehr wichtig. Denn auch der ältere Patient schämt sich seiner Angst. Wenn der Arzt ihm aber von Herzen versichern kann, dass seine Angst grundsätzlich einen guten Grund hat, wird er sich ihm öffnen.
Wir müssen drei Arten von guten Gründen und Ängsten unterscheiden:

### 1. Die Angst vor einer realen, aktuell oder zukünftig drohenden Gefahr

Die Sorge einer Raucherin, bei Verzicht auf Nikotin zuzunehmen, ist erfahrungsgemäß berechtigt. Wenn Schlanksein für das Selbstkonzept von hohem Wert ist, muss eine Gewichtszunahme als bedrohlich empfunden werden.
Alkohol dient vielen Menschen zum Lösen von Spannungen oder als Einschlafmittel. Der Verzicht geht mit der Angst vor Unruhe und Schlafstörungen einher.

### 2. Die Angst vor Situationen, für deren Bewältigung (noch) keine zuverlässigen Denk- und Verhaltensmöglichkeiten zur Verfügung stehen

Die oben genannte Raucherin besitzt bislang keine Alternativen zur

Zigarette, um ihre Nahrungsaufnahme zu kontrollieren, und keine Möglichkeit, Selbstbestätigung aus anderen Quellen als aus der Bewunderung für ihre Figur zu schöpfen. Die Angst besteht vor dem Neuen, Unbekannten und Unsicheren. Sie mischt sich mit Zweifeln an den eigenen Fähigkeiten.

**Vorsicht:** Die Angst vor neuen Wegen enthält meist auch eine gehörige Portion Bequemlichkeit, d. h. Nichtwollen. Daran ist nichts Unrechtes. Einem jeden Menschen steht dieses Recht uneingeschränkt zu. Aber der Patient soll wissen, dass es sein Wunsch nach Bequemlichkeit ist, der ihn hindert, das zu tun, was für seine Gesundheit und sein Glücklichsein notwendig wäre. Damit wird ihm die Möglichkeit genommen, sich selbst zu belügen. Gleichzeitig wird sein Wille anerkannt, Widerstände werden vermieden, und der Arzt beteiligt den Patienten an der Verantwortung für den Therapieerfolg.

### 3. Die Angst, deren Ursachen (lange) zurückliegen (neurotische Angst)

Die neurotische Angst ist quälender, bizarrer, irrationaler und inadäquater als die anderen Angstformen. Sie wird bedrohlich und leibnah erlebt, lässt sich nicht mehr verdrängen. Sie behindert massiv das Lebensgefühl und die Handlungsfreiheit (Flucht und Vermeidungsverhalten). Es liegt nahe, dass die Betroffenen ihr Leid mit spannungslösenden Mitteln zu lindern suchen.
Schwere Fälle von neurotischer Angst bedürfen einer psychotherapeutischen Fachbehandlung. Leichtere Formen lassen sich mit dem Instrumentarium der Positiven Ordnungstherapie und Kurzpsychotherapie bewältigen. Voraussetzung für eine erfolgreiche Behandlung der Angst ist die Fähigkeit des Arztes, Verbundenheit mit dem Patienten zu empfinden und zum Ausdruck zu bringen. Denn ein wesentliches Element der Angst ist die Befürchtung, mit eben dieser Angst anderen und dem Arzt auf die Nerven zu gehen, allein und unverstanden dazustehen.

So sollte der Arzt seinem Patienten versichern, dass dessen Angst ganz sicher gute Gründe hat, die wahrscheinlich lange zurückliegen und die der Arzt und der Patient noch nicht verstehen können. »Aber wir werden diese Angst verstehen. Da bin ich ganz sicher.« Mit dieser Haltung gibt der Arzt seinem Patienten zu verstehen: »Ich nehme dich mit deiner Not an, ich kann mit dir fühlen, du bist nicht allein. Du bist nicht verrückt, wir werden gemeinsam einen Weg finden, dass du mit deiner Angst gut leben kannst.« Es ist erstaunlich, welche Beruhigung diese Suggestion der Zuversicht bewirkt, wenn sie von Herzen kommt.

Die Lebensgeschichte fördert häufig eine Reihe einschneidender Erfahrungen zutage, die geeignet sind, die Entstehung der Angst zu erklären. Meistens handelt es sich weniger um Erlebnisse äußerer Bedrohung, sondern um schmerzvolle Erinnerungen im Zusammenhang mit den geliebten Beziehungspersonen der Kindheit und Adoleszenz.

Ein gewaltiges Angstpotenzial beinhalten die Fragen nach der Zukunft, nach Lebenssinn, Alter und Tod, die viele Patienten bislang erfolgreich aus ihrem Bewusstsein verbannt haben.

## Das fünfstufige Vorgehen in einem Fallbeispiel zu Angst, Depression und Suizid

*Menschen, die Angst haben, sind zukunftsorientiert.*

### »Der stets in Ängsten leben muss, der weiß von keinem Leben«

#### 1. Stufe: Beobachtung/Distanzierung

Der 56-jährige Patient stellt sich, von seiner Frau veranlasst, vor mit Schlafstörungen, die seit längerer Zeit auftreten und jetzt am Wochenende wohl etwas ausgeufert seien. Nach mehreren auffordernden Blicken der Ehefrau, die offensichtlich nicht in der von ihr erwarteten Reaktion enden, platzt sie heraus: »Eigentlich sind wir da, weil mein Mann am Wochenende zwei Suizidversuche in der Badewanne unternommen hat und nicht zum Psychiater will. Der einzige, mit dem er überhaupt einverstanden war, sind Sie«. »Wissen Sie, wir haben seit längerem Eheprobleme, und er will einfach nicht kapieren, dass ich nicht mehr will – so wie es jetzt läuft, getrennt in einem großen Anwesen und in der Mitte das gemeinsame Wohnzimmer und Küche für die ganze Familie mit unseren zwei Kindern, das halte ich gerade noch mit ihm aus, aber er will ja eine richtige Familie.« Der Patient sitzt völlig betreten und schweigend daneben und hört sich das alles wie unbeteiligt an. Da ich ihn kenne, aber seit Jahren nicht mehr gesehen habe, spreche ich ihn vorsichtig mit seinem Vornamen an, frage nach, ob er die Schilderung seiner Frau nachvollziehen kann. »Jaaa, naja, gleich Suizidversuch, ich war einfach müde, bin dann wohl in der Badewanne eingeschlafen, und da waren auch ein paar Scherben von den Zahnputzgläsern, an denen muss ich mich wohl verletzt haben.« Wir klären ruhig, dass es ihm lieber ist, sich mit mir alleine zu unterhalten, was für die Frau in Ordnung ist, allerdings nur unter der Bedingung, mir auch noch ein paar Dinge unter vier Augen zu erzählen, damit ich den richtigen Eindruck von ihrem Mann bekäme, warum es eben unmöglich sei, mit ihm zusammenzuleben – aber das würde ich ja auch gerade merken, so ein Wochenende brauche sie nicht wieder, dazu sei sie zu jung und vergnügt, er wolle ja nicht mit zu ihren Freunden zum Feiern. Im Gespräch mit dem Mann bestätigt sich die momentane Familiensituation und seine unbedingte Hoffnung, die Ehe noch zu retten. Er sei einfach nur noch hilflos und müde gewesen, habe dann wohl zwei Schlaftabletten genommen und sei in der Badewanne zunächst eingeschlafen. Seine Frau sei auf der vierten Fete diese Woche gewesen, als er wieder aufgewacht sei, so gegen 0:30 Uhr, sei sie noch nicht da gewesen, in der Badewanne sei es so kuschelig gewesen, und es sei das große Selbstmitleid mit dem Bedürfnis, endlich mal richtig lange gut zu schlafen, über ihn gekommen. So habe er den Rest der Tabletten eingenommen – ganz genau wisse er das nicht mehr, aber die Schachtel sei leer gewesen, und an das Zahnputzglas erinnere er sich auch nur noch vage, da habe er sich jedenfalls nicht mit umbringen wollen. Nur gewundert habe er sich, dass das Ritzen kaum weh tut. Auf die Nachfrage, wie es zu dem zweiten Versuch gekommen sei – ja, seine Frau sei gegen vier Uhr nach Hause gekommen, habe einen riesigen Zinnober veranstaltet und sei stinksauer gewesen, sie werde sich nicht vom Feiern abhalten lassen. Er habe dann am nächsten Tag versucht, mit ihr zu reden, dazu sei sie nicht bereit gewesen, sie habe sich dann nur abends verabschiedet, mit der Frage, ob er heute auch nicht mitkommen wolle, und sei wieder weggegangen, die Kinder seien an diesem Abend verabredet zum Übernachten bei Freunden gewesen. Da habe er beschlossen, lieber zu Hause zu bleiben und endlich zu schlafen. Das habe er dann wohl wieder in der Badewanne getan, diesmal habe er wohl drei verschiedene Packungen Schlaftabletten genommen, da sei ein Blackout, bis seine Frau um zwei Uhr nach Hause gekommen sei und ihn wieder nur beschimpft habe. Er sei dann einfach so wie er war (nackt) auf sein Fahrrad und sei über die Felder zu seinen Schwiegereltern gefahren, weil er einfach nur in Ruhe schlafen wollte. Das habe er dort dann auch tun können. Die seien zwar aufgeregt gewesen, hätten ihn aber einfach schlafen lassen.

**Positive Deutung**: Die Fähigkeit, sein Leben in Frage zu stellen und den Standort zu wechseln.

**2. Stufe: Inventarisierung**

**Symptomatik im Bereich Körper/Sinne**

- Schlafstörung
- Müdigkeit
- Erschöpfung
- Depressive Verstimmung mit Antriebslosigkeit

**Symptomatik im Bereich Leistung**

- Arbeitet ohne Ende
- Hausbau in großem Umfang mit viel Eigenleistung
- Überforderung bei hohem Leistungsideal

**Symptomatik im Bereich Kontakt**
- Seit Jahren kaum mehr Kontakt zu seinen eigenen Freunden
- Rückzug von gemeinsamen Freunden
- Mit Kollegen kaum Kontakt
- Sehnsucht nach intakter Familie

**Symptomatik im Bereich Phantasie/Zukunft**
- Hoffnung, dass Ehefrau bleibt und alles wieder normal wird
- Angst, Anforderungen nicht zu genügen – beruflich und privat
- Enttäuschung über Einsatz und jetzt keine gemeinsame Zukunft
- Kann sich keine andere Partnerin vorstellen
- Sterben will er nicht, nur endlich Ruhe haben von all dem Streit

**Life-Events der vergangenen fünf Jahre:**
- Kauft altes Gehöft mit Komplettsanierung in viel Eigenleistung
- Selbstständigkeit mit Praxisaufbau
- Zusätzlicher Hauskauf als Geldanlage, große Sanierung in Eigenleistung
- Umzug
- Ehefrau beginnt Vollzeittätigkeit
- Entdeckt Frau beim Seitensprung im gemeinsamen Ehebett

**Lebensgeschichte**

Die Patientin ist aufgewachsen als fünftes von sechs Kindern (drei Schwestern, ein älterer Bruder). Der Vater war Winzer, er habe spät seine fünfzehn Jahre jüngere Frau geheiratet, die ausgesprochen belastbar gewesen sei. Die Beziehung der beiden »war ein harmonisches Zusammensein ohne viele Worte«. Mit seinen Geschwistern habe er sich gut verstanden, »Ich war der goldige Lockenschopf, der von allen – Eltern und Geschwistern – verhätschelt wurde, vor allem von meinen Schwestern, die kümmern sich heute noch um mich, rufen mich an, gerade seit meine Mutter tot ist – da war ich ja erst 30, und die hat mir sehr gefehlt.« Mit 33 sei er zum ersten Mal Vater geworden, ein Jahr nach der Geburt seines Sohnes hätten sie geheiratet, und fünf Jahre danach sei dann die gewünschte Tochter geboren. In dieser Zeit sei die Stimmung mit seiner Frau sehr gut und harmonisch gewesen. Er hätte gerne noch mehr Kinder gehabt, seine Frau wollte aber ihren Lehrerberuf gerne ausüben und habe dann weiter in Teilzeit gearbeitet, bis ihr das zu wenig gewesen sei. Schließlich müsse man als Akademiker ja auch einen gewissen Lebensstil pflegen und entsprechend wohnen. Er habe dann ja auch in der Klinik ganz gut Geld verdient, und so seien sie zu dem ersten Anwesen gekommen. Da seien die Vorstellungen zunächst noch ähnlich gewesen, bis dann die Ansprüche weiter gewachsen seien und er immer mehr habe arbeiten müssen, die Selbstständigkeit angegangen sei und eben auch immer am Bau gearbeitet habe. Irgendwo sei da die Harmonie wohl auf der Strecke geblieben – für ihn sei die Welt völlig in Ordnung gewesen, bis er dann den Seitensprung entdeckt habe. Da hätten sie noch miteinander reden können, seine Frau habe die Affäre beendet – aber nur für kurze Zeit, wie er erst heute, nach vier Jahren, verstehen würde. Er habe da wohl auch einiges nicht sehen wollen, getrennte Schlafzimmer hätten sie schon seit damals, das sei ihr Wunsch gewesen. So hätten sie sich wohl zunehmend auseinandergelebt. Viel gesprochen hätten sie nicht, seine Frau würde auch schnell schreien, da müsse er erst gar nicht anfangen zu reden. Außerdem passe es gut zu ihm, sich eher zurückzuziehen und zu warten, bis jemand auf ihn zugehe. Für seine Leistung brauche er Anerkennung. Die habe er noch nie bekommen, das kenne er schon von zu Hause, da sei er immer der goldige Junge gewesen, aber seine Leistungen habe keiner wahrgenommen.

**3. Stufe: Situative Ermutigung**

Aus einer emotionalen Notsituation kann der Patient signalisieren, dass er Hilfe braucht und mit der Situation so nicht weiterleben möchte. Durch die eigene Aktivität zeigt er die Bereitschaft, an der Situation etwas zu ändern und den Blickwinkel zu verändern. Das Bedürfnis nach Ruhe bringt er deutlich zum Ausdruck, und er wird ab jetzt mit einer klaren verbindlichen Verabredung mit mir die geeigneten Mittel dazu wählen, die nötige Ruhe zu finden.

**4. Stufe: Verbalisierung**

Der Patient ist in einem akuten Konflikt mit seiner Ehefrau, ausgelöst durch deren wiederholte Feiern am Abend. Dadurch führt der unbewusste Grundkonflikt des Versorgtwerdenwollens im emotionalen Bereich mit seinem Autarkie-Bedürfnis, das er bisher weitgehend im Leistungsbereich lebt, zu einer intensiven emotionalen Krise. Er fühlt sich alleine gelassen und vermisst jede Anerkennung seiner Leistung im beruflichen und häuslichen Bereich. Da das in der Kindheit erlernte Muster des »Verhätscheltwerdens« in seiner Ehe kein Korrelat findet, somit kein adäquater Ausgleich für die mangelnde Anerkennung seiner Leistungen stattfindet, dekompensiert er im Sinne der reaktiven Depression mit dem unbedingten Ruhewunsch. Unbewusst zielt er dadurch sicher auf die Aufmerksamkeit, mit der seine Frau doch endlich seine Bedürftigkeit bemerken müsste, diese reagiert aber anders, als sein kindliches Muster ihn unbewusst hat hoffen lassen.

**5. Stufe: Zielerweiterung**

Der Patient ist beim Erstinterview im Sinne einer Notfallintervention äußerst gespannt und nervös und steht unter massivem Leidensdruck. Eine Einweisung in die Psychiatrie lehnt er kategorisch ab. Zunächst gilt es, eine Entlastung herbeizuführen, was durch das vertrauensvolle Gespräch mit mir, basierend auf unserer Freundschaft aus der Studienzeit, gelingt, deutlich ablesbar an seiner veränderten Körpersprache. Eine klare Absprache bezüglich der Suizidalität scheint möglich, so dass wir uns für weitere Gespräche und Meldezeiten verabreden. Dadurch wird auch sein Muster, darauf zu warten, bis eine seiner Schwestern (früher die Mutter) auf ihn zukommt, durchbrochen. Er will lernen, sich selbst zu melden. In den weiteren Sitzungen will er seine Strukturen bezüglich der Konfliktverarbeitung besser kennen lernen, um andere Modelle im Umgang mit seiner Frau zu versuchen. Auch die Konsequenzen einer möglichen Trennung sollen beleuchtet werden, mit dem Ziel, diesem »Gespenst etwas den Schrecken zu nehmen«.

**Dabei werden entsprechend dem Balancemodell die verschiedenen Lebensbereiche beleuchtet. Mit der Geschichte »Der Wanderer«**

**entspannt sich sein Gesicht weiter, er lächelt und bemerkt, dass er dann bei mir wohl noch einiges abzuladen hätte – aber es sei gut, einen Rastplatz gefunden zu haben.**

## Positiver Umgang mit dem Bewegungsapparat

Die funktionelle Einheit aus Skelett, Gelenken, Kapseln, Sehnen, Bändern, Muskeln und Nerven leistet mehr als statische und motorische Arbeit. Sie wirkt auch direkt auf den Kreislauf, die Wärmeerzeugung, den venösen Rückfluss (Muskelpumpe), die Atmung und die Verdauung ein.

*Sprachbilder*
*hartnäckig*
*Haltung bewahren*
*nicht Fuß fassen*
*nichts mehr auf die Beine bringen*
*sich steif verhalten*
*gelähmt sein vor Angst*
*eine große Last auf den Schultern haben*

*Bewegung, Mäßigkeit und Ruh*
*schließt dem Arzt die Türe zu.*

*Wer sich's will bequem machen, der muss so gelenk sein wie ein Handschuh.*

*Lieber zusammenbrechen als nachgeben.*

Die Bewegung des Körpers ist als eine Lebensäußerung für die Gesundheit des Körpers von der höchsten Wichtigkeit und muss mit einer gewissen Kraftanwendung verbunden sein, wenn sie für den Körper heilsam sein soll.

**Beschwerden und Motive**

Beschwerden im Bereich von Wirbelsäule, Gelenken, Muskeln, Sehnen und Bändern gehören zu den häufigsten Gründen älterer Menschen für den Arztbesuch. Dazu kommen jene Erkrankungen, die in der Folge von altersbedingten Störungen im Bewegungsapparat auftreten (z. B. zervikogene Kopfschmerzen). Einige Zahlen sollen die Häufigkeit von Krankheiten des rheumatischen Formenkreises mit allen entzündlichen und degenerativen Arten verdeutlichen:

- Die Zahl der Rheumakranken wird in der Bundesrepublik Deutschland auf 25 Millionen geschätzt.
- Die Zahl der Frühinvaliden durch Rheuma liegt bei 250.000.
- 25 Prozent der Patienten in der Allgemeinpraxis sollen Rheumatiker sein.

An Patienten mit rheumatischen Beschwerden in dem von uns weit gefassten Sinne lässt sich der psychosomatische Schlüsselkonflikt zwischen Höflichkeit/Rücksichtnahme und Ehrlichkeit/Offenheit paradigmatisch darstellen:

Die eigenen (aggressiven) Bedürfnisse, etwa nach Erfolg, Entfaltung, Expansion, Macht, stehen dem Bestreben entgegen, Konflikte zu vermeiden, um die Zuneigung anderer nicht zu gefährden. Diese Menschen können oft ihre Wünsche nicht richtig wahrnehmen, angemessen mitteilen und sozial verträglich durchsetzen. Die unvermeidliche Frustration erzeugt Aggressionen, die erneut unterdrückt werden müssen.

Viele Rheumakranke zeichnen sich durch ein stilles Erdulden ihres schmerzvollen Schicksals aus. Die höflichen und kooperativen Patienten unterwerfen sich scheinbar bereitwillig den üblichen drastischen Therapien.

Vorrangiges Ziel neben der Linderung der Beschwerden ist die Überwindung der passiv-resignativen Haltung. Die Patienten müssen ermutigt werden, die Eigenverantwortung für die Verbesserung ihrer Bewegungsfreiheit und damit das Gesetz des Handelns zurückzugewinnen. Dabei spielt – wie immer, wenn es um Motivation geht – der Beziehungsaspekt zwischen Patient und Arzt eine entscheidende Rolle. Die umfassende Erfragung der sozialen, ökonomischen und emotionalen Auswirkungen der Erkrankung gibt dem Behandler eine konkrete Vorstellung vom subjektiven Leidensdruck und fördert die unverzichtbare Atmosphäre von Verbundenheit und Anteilnahme. Positive Deutungen und Sprachbilder verweisen auf die Sinnhaftigkeit psychodynamischer Mechanismen (z. B. Vermeidungsstrategien, Kompromisslösungen oder Widerstände) im Dienst der Konfliktverarbeitung.

Bei den Krankheiten des rheumatischen Formenkreises bietet es sich an, die Fähigkeit zu betonen, Belastungen lange zu tragen und Spannungen und Konflikte zu ertragen. Das ist tatsächlich eine häufige Qualität von Rheumapatienten, zugleich aber auch ihr »Kreuz«. Im Schutz der therapeutischen Beziehung ist es notwendig, den Patienten über die begrenzten Möglichkeiten der schulmedizinischen Rheumatherapie und deren gefährliche Nebenwirkungen aufzuklären. Der Patient muss wissen, dass sein Zustand wesentlich von seinem eigenen Engagement bei den übenden Behandlungsverfahren (KG, AT, progressive Muskelrelaxation) abhängt und er sich nicht nur auf die moderne Medizin verlassen darf. Häufig ist der Arzt der einzige Mensch, mit dem der Patient seine psychosozialen Probleme offen besprechen kann. Schon das Sich-Anvertrauen an einen verlässlichen und verstehenden Gesprächspartner entlastet emotional und ist geeignet, die psychovegetative Spannung und Angst zu reduzieren. Darüber hinaus bietet sich die therapeutische Beziehung dazu an, die sich in ihr manifestierenden Übertragungsphänomene zu bearbeiten. Dazu bedarf es keiner tiefenpsychologischen Fachausbildung. In der Praxis bewährt sich das inhaltliche Vorgehen, das die Besonderheiten der Interaktion zwischen dem Patienten und dem Arzt als Aktualfähigkeiten (Sozialisationsnormen) wie Höflichkeit und Bescheidenheit ausdrückt.

Dieses »In-Spannung-gehalten-Sein« lässt sich elektromyographisch und durch Messung der Mikrovibration der Muskulatur als vermehrte Muskelspannung nachweisen. Endokrine und immunologische Störungen infolge des affektiv-vegetativen Dauerstresses sind zu vermuten. Neurophysiologische Untersuchungen machen hypothalamische und limbische Strukturen als zentral-nervöses Bindeglied zwischen Emotion, Stress und Krankheit wahrscheinlich.

Unterdrückte Aggressionen führen nach dem psychoanalytischen Denkmodell zur Wendung der aggressiven Energie gegen das Selbst, deren Folge die Depression ist. Ungeachtet der Gültigkeit dieser Theorie besteht bei vielen Rheumatikern eine depressive Gestimmtheit, deren neurophysiologisches Korrelat eine Imbalance der biogenen Amine im Zwischenhirn ist. Die gleichen Neurotransmitter sind auch für die Körperhaltung und die Regulation des Muskeltonus verantwortlich.

Ob die dargestellten Zusammenhänge auch für das Autoimmungeschehen, z. B. bei der chronischen Polyarthritis, ätiologisch mitverantwortlich sind, ist nicht geklärt. Unbestritten ist jedoch, dass der Zustand (Tonus, Durchblutung, Stoffwechsel, Trainingszustand, Dehnbarkeit) der periartikulären Weichteile ganz wesentlich die subjektive und objektive Symptomatik entzündlicher und degenerativer Gelenkerkrankungen bestimmt. Empirisch ist die Bedeutung der als Stressfaktoren wirkenden Life-Events, z. B. Operationen, Trennungen oder finanzielle Schwierigkeiten, für die Auslösung oder Verschlechterung von rheumatischen Krankheiten recht gut gesichert. Betrachten wir die Konfliktinhalte, dann geht es beim Rheuma oft um berufliche Überforderung, Unsicherheit, Konkurrenzdruck, hartnäckige Konflikte mit dem Partner, den Kindern oder Kollegen, starre Einhaltung sozialer Normen wie Ordnung, Sparsamkeit, Fleiß und Leistung, die einen gleichzeitig vorhandenen ausgeprägten Bewegungsdrang behindern.

Die in unserer Wohlstandsgesellschaft verbreitete Fettleibigkeit hat einen wichtigen Anteil an der Überbeanspruchung und Schädigung des Bewegungsapparates. Die einzige langfristig wirksame Strategie zur Gewichtsreduktion ist die grundlegende Ernährungsumstellung auf Vollwertkost mit drastischer Einschränkung des Konsums von

Zucker und tierischen Fetten. Nicht zur Abnahme, aber zur Entlastung des Stoffwechsels, zur Entgiftung und Umstimmung eignet sich gerade auch bei rheumatischen Erkrankungen das Heilfasten.

**Beachte: Gefährdet, besonders mit zunehmendem Alter, sind Untrainierte, die erstmals oder nach langer Pause wieder Sport treiben wollen. Eine bislang kompensierte koronare Minderdurchblutung kann unter der ungewohnten Belastung eine kritische Unterversorgung des Myokards mit Sauerstoff bewirken. Schlimmstenfalls – und keineswegs selten – kommt es zum plötzlichen Herztod. Mit einer ergometrischen Untersuchung unter ärztlicher Kontrolle kann das Koronarrisiko in den meisten Fällen frühzeitig erkannt werden. Bei fortgeschrittenen Erkrankungen des Bewegungsapparates muss dessen Aktivierung unter physiotherapeutischer Anleitung und Unterstützung erfolgen. Die moderne physikalische Therapie verfügt über ein umfangreiches Repertoire differenzierter Techniken, die es erlauben, die erkrankten Strukturen gezielt anzugehen.**

## Das fünfstufige Vorgehen in einem Fallbeispiel zum Bewegungsapparat

### »Ich brauche jemanden, der mir den Weg zeigt«

#### 1. Stufe: Beobachtung/Distanzierung

Im Erstinterview schildert die 57-jährige Patientin zunächst ausführlich ihre Selbstwertproblematik, das subjektive Gefühl, von den Angehörigen zu wenig respektiert und sogar auch abgelehnt zu werden. Insbesondere mit dem Ehemann steht sie ständig im Konflikt, er erkenne ihre Depression nicht als Krankheit an, habe zu wenig Verständnis für sie. Er zeige wenig Interesse, spiele nur Tennis, treffe sich auf dem Tennisplatz öfter mit einer jungen Frau, sie sei eifersüchtig. Die sexuelle Beziehung zu ihm sei gestört. Er mache ihr oft Vorwürfe, sie würde mit ihrem Verhalten alles zerstören, deswegen habe sie oft Schuldgefühle. Auch mit den Söhnen und deren Partnerinnen gibt es Konflikte, bei den Vorbereitungen zur geplanten Hochzeit eines Sohnes mit einer Italienerin fühlt sie sich ausgeschlossen und missachtet. Oft sei sie »beleidigt und verärgert«.

Sie berichtet über Selbstunsicherheit (»Ich brauche jemanden, der mir den Weg zeigt«, »ich bin unsicher in meinen Entscheidungen«) und sehnt sich nach Ruhe und Anerkennung durch die Familie. Sie überlegt, ob sie sich vom Ehemann trennen soll, weiß aber momentan nicht, ob das richtig für sie sei. Wegen der ständigen Auseinandersetzungen sei sie oft körperlich sehr erschöpft und leide unter Gelenkschmerzen, insbesondere in den Knien.

Bis letztes Jahr war sie als Verkäuferin im Textil-Einzelhandel tätig. Nach der Kündigung sei ihr Selbstwertgefühl deutlich gesunken, durch die Konflikte mit den Angehörigen, insbesondere die erlebte Ablehnung durch die spanische Schwiegertochter während einer Spanien-Reise im Sommer 2004, sei sie in eine schwere Depression verfallen, so dass ab Ende 2004 eine zweimonatige ambulante psychiatrische Behandlung mit Antidepressiva und eine stationäre Therapie in einer psychosomatischen Klinik im März und April 2005 notwendig gewesen seien. Nach Besserung habe sie nun wieder Angst, in eine neue depressive Episode zu fallen.

**Positive Deutung** der Symptome: Muss durch Selbstwertproblematik nicht so viel Verantwortung tragen, Entlastung von zu viel ängstigender Autonomie. Andererseits verhindern die ärgerliche Verstimmtheit und der Streit zu viel Annäherung.

**2. Stufe: Inventarisierung**

**Symptomatik im Bereich Körper/Sinne**

- Allgemeine Erschöpfung und Energieverschleiß
- Hin und wieder Gelenkschmerzen, besonders Kniegelenke. Anamnestisch rheumatoide Arthritis bekannt, tritt jedoch nur schubförmig auf

- Behandlung mit Betablocker bei tachykarder Herzrhythmusstörung
- Unzufriedenheit mit Körper wegen Gewichtszunahme, möglicherweise induziert durch Antidepressiva

**Symptomatik im Bereich Leistung**

- Verlust des Arbeitsplatzes als Verkäuferin in einem Warenhaus, Gefühl, nicht mehr gebraucht zu werden
- Zunächst fehlende Identifikation mit der reinen Hausfrauenrolle, hat sich immer über Leistung definiert und »ihren Mann gestanden«
- Überlastung durch Pflege der Mutter und Haushalt

**Symptomatik im Bereich Kontakt/Kommunikation**

- Häufiger Streit mit Bezugspersonen, insbesondere Ehemann, Vorwürfe und Forderungen
- Gestörte Sexualität mit dem Ehemann aufgrund der ständigen Konflikte, Eifersucht auf jüngere Tennispartnerin des Ehemannes
- Unsicherheit und Minderwertigkeitsgefühle in alltäglichen Kontakten, leichte Kränkbarkeit, Sehnsucht nach Anerkennung von außen
- Abhängigkeit von der Mutter, Neigung zur Idealisierung von Anderen

**Symptomatik im Bereich Phantasie/Zukunft**

- Schuldgefühle, Selbstvorwürfe, Selbstverurteilung
- Selbstunsicherheit, Entscheidungsunsicherheit, Zukunftsängste
- Trennungsgedanken
- fehlende Lebensperspektive und ambivalent erlebte (finanzielle) Abhängigkeit vom Ehemann

**Life-Events der vergangenen fünf Jahre**

- Oberschenkelhalsbruch und nachfolgende Pflegebedürftigkeit der Mutter seit Ende 2003
- Kündigung des Arbeitsplatzes Mitte 2004 nach vorangegangen Konflikten mit einer Vorgesetzten und Kolleginnen
- Zerwürfnis mit beiden Schwiegertöchtern, Differenzen mit spanischer Freundin des jüngeren Sohnes während einer Spanienreise im August 2004, aufgrund abwertender Bemerkungen der Patientin
- Auszug des jüngeren Sohnes vor zwei Jahren, er sei immer wichtiger Gesprächspartner gewesen, bevorstehende Heirat mit Spanierin

- seit Oktober 2004 ambulante psychiatrische Behandlung, im Februar und März 2005 stationäre psychotherapeutisch-psychiatrische Behandlung; vom Ehemann Depression als Krankheit nicht genügend akzeptiert

**Lebensgeschichte**

Die Patientin ist in einer Kleinstadt in Nordhessen geboren und aufgewachsen. Der Vater, von Beruf Steuerberater, sei sehr streng und dominant gewesen. Früh habe sie ihn verloren (mit 11 Jahren), er sei als Sportflieger mit einem Flugzeug abgestürzt. Sie sei auch die erste gewesen, die von der schrecklichen Nachricht erfahren habe. Die Mutter , von Beruf Friseuse, sei mit ihr und dem jüngeren Bruder alleine dagestanden, sie sei oft verzweifelt und verstimmt gewesen: »wir haben nichts, wir sind nichts«. Die Patientin habe als Kind sehr viele Ängste gehabt, wenn die Mutter weg war. Das Verhältnis zum Bruder sei eher distanziert gewesen, er sei auf das engere Verhältnis der Patientin zur Mutter wohl eifersüchtig gewesen. In der Schule sei sie nicht besonders gut gewesen. Nach der Mittleren Reife habe sie eine Ausbildung als Technische Zeichnerin absolviert, obwohl sie viel lieber Hebamme geworden wäre. Sie habe sich da aber von einem Berufsberater beeinflussen lassen. Den Ehemann habe sie mit 17 Jahren an der Arbeitsstelle kennen gelernt und mit 22 Jahren geheiratet. Sie sei zunächst dankbar gewesen, dass er sie aus den beengten häuslichen Verhältnissen herausgeholt habe. Er sei von Beruf Bauingenieur und müsse auch heute noch oft Geschäftsreisen unternehmen, in seiner Abwesenheit habe sie unter großen Ängsten gelitten. Schließlich wurde ihr erster Sohn (heute 34 J.) geboren, zu Beginn der Schwangerschaft sei eine Zyste rupturiert, weswegen sie mehrstündig operiert werden musste. Zwei Jahre später habe sie im fünften Monat eine Fehlgeburt mit schweren Blutungen erlitten, im Jahr darauf sei ein Junge tot geboren worden. Diese vielen Schicksalsschläge und gesundheitlichen Probleme hätten sie pessimistisch gemacht. Dann wurde ihr jüngerer Sohn geboren (heute 26 Jahre), nach einer notwendigen Ausschabung sei sie lange Zeit in eine schwere Depression verfallen, die aber nicht medikamentös behandelt worden sei. Vom Ehemann habe sie sich in dieser Zeit zu wenig begleitet und allein gelassen gefühlt. Die Söhne seien inzwischen verheiratet bzw. in Hochzeitsvorbereitung, sie habe schon drei Enkelkinder, sie fühle sich aber von Söhnen und Schwiegertöchtern nicht anerkannt und akzeptiert. Im Jahr 2003 sei die Mutter nach einem Oberschenkelhalsbruch zunehmend pflegebedürftig geworden. Sie habe deswegen ihre Arbeitszeit als Verkäuferin in einem Kaufhaus reduzieren müssen. Dies habe zu erheblichen Konflikten mit ihrer jüngeren Vorgesetzten geführt, die die Patientin häufiger einsetzen wollte. Nach einem Fehler beim Kassieren sei sie dann in eine andere Filiale versetzt worden. Dies habe sie als Kränkung empfunden und daraufhin nach Rücksprache mit dem Ehemann beschlossen, ihre Berufstätigkeit aufzugeben. Die Entscheidung habe sie oft bereut, da sie diese Tätigkeit vierzehn Jahre lang gerne ausgeübt habe. Aktuell ist die Patientin stundenweise ehrenamtlich für den Malteser Hilfsdienst tätig, dies fülle sie aber nicht aus. Da ihr Mann gut verdiene, habe sie zwar keine finanziellen Probleme, sei aber dadurch sehr von ihm abhängig. Durch die Pflege der Mutter fühle sie sich oft überfordert, sie sei unentschlossen, sie in ein Heim zu geben. Darüber habe es auch mit ihrem Bruder und seiner Ehefrau Spannungen und Konflikte gegeben. Er sei sehr distanziert der Mutter gegenüber und würde sich zu wenig um sie kümmern. Sehr häufig sei es im letzten Jahr zu Auseinandersetzungen mit dem Ehemann gekommen. Sie fühle sich von ihm unverstanden und missachtet, er habe sie während der Phase ihrer Depression kaum unterstützt, habe in dieser Zeit einen Flirt mit einer jungen Frau auf dem Tennisplatz gehabt und sich emotional immer weiter von ihr entfernt. Sie sei auch unsicher, wie weit der Kontakt des Ehemannes gegangen sei, sie sei immer noch sehr eifersüchtig und auch wütend auf den Ehemann, besonders weil sie sich von ihm »massiv belogen« fühle. In Streits sei es auch schon zu Handgreiflichkeiten seitens des Mannes gekommen.

**3. Stufe: Situative Ermutigung**

Bisherige Fähigkeiten im Leben, »immer ihren Mann gestanden«, viel mitgemacht, zwei Kinder großgezogen, die wohlgeraten seien. Beruf als

frühere Kraftquelle, die sie nun schmerzlich vermisse. Ermutigung zu einer ehrenamtlichen Tätigkeit in einer Kleiderausgabe des Roten Kreuzes.
Die Patientin hat schon während der stationären Therapie die Phase der Depression überstanden, es geht ihr besser als noch vor drei Monaten, die Psychotherapie soll sie stabilisieren und einen Rückfall in die Depression verhindern.
Fähigkeit, eine Beziehung aufzunehmen, auch zum Therapeuten im Erstinterview, kann sich einlassen auf das Gegenüber, will eine menschliche Gemeinschaft und keine isolierte Existenz.

**4. Stufe: Verbalisierung**
Durch Arbeitsaufgabe mehr Zeit für die Pflege der geliebten Mutter gehabt. Konflikte als Möglichkeit, Verhältnisse zu klären, Konflikt Höflichkeit-Ehrlichkeit. Wahrnehmen von Problemen und vermehrte Sensibilität auch als Vorteil sehen, kurzfristige Differenzen mit den Angehörigen akzeptieren, Erlernen eines neuen Kommunikationsstils, dadurch auch bessere Einfühlung in die Bedürfnisse und Stimmungen der anderen (Familienmitglieder). Ihre Unzufriedenheit mit ihrer Lebenssituation hat zu ständigen Spannungen mit den Bezugspersonen mit täglichen konflikthaften Auseinandersetzungen geführt. In ihrer Selbstunsicherheit fühlt sich die Patientin in alltäglichen Interaktionen, insbesondere mit dem Ehemann, schnell kritisiert, empfindet dies als Entwertung, reagiert mit Wut und Ärger darauf. Durch Wutäußerungen erlebt sie ihre ambivalente Beziehung zum Ehemann noch unsicherer, einerseits ist ihre Angst vor einem Verlust größer geworden, andererseits erlaubt sie sich nicht, ihre Autonomie-Tendenzen auszuleben. Der Ehemann distanziert sich weiter von ihr, wendet sich – real oder auch nur phantasiert – einer jungen Frau als begehrtem Objekt zu, so dass ihre Angst vor einem drohenden Verlust noch größer wird. Das Misslingen der Affektkontrolle führt dann zu vermehrten Schuldgefühlen, Selbstvorwürfen und Selbstabwertung. Die Patientin kann sich nicht erlauben, Autonomiestrebungen auszuleben. Vermutlich musste sie beim strengen und dominierenden Vater ihre frühkindlichen phasengerechten Autonomiewünsche

sowie ihre Wut über narzisstische Frustrationen als böse und gefährliche Selbstanteile abspalten. Die geforderte Unterwerfung und Eingrenzung führte dazu, dass die Patientin sich als Kind nicht genügend gesehen und nicht gerecht behandelt fühlte, so dass sie keine ausreichend stabilen Selbstrepräsentanzen und Beziehungen zu anderen Menschen hat aufbauen können. Sie baute eine umso engere Bindung an die Mutter auf. Da diese aber dem Vater unterwürfig gegenübertrat, wurde sie von der Patientin als wenig Halt gebend empfunden, dies verstärkte im Gegenteil noch ihre kindlichen Gefühle von Ohnmacht und Ausgeliefertsein. Ich nehme an, dass die daraus entstehenden Ängste mit regressivem Anklammerungsverhalten an die Mutter kompensiert wurden, die Patientin suchte die ständige physische Anwesenheit der Mutter, konnte aber keine ausreichende Selbstsicherheit in der Bindung finden.

**5. Stufe: Zielerweiterung**

Die Patientin möchte ihre Selbstwertproblematik bearbeiten und ihre familiären Beziehungen klären. Es wird zunächst der Aufbau einer tragfähigen therapeutischen Beziehung angestrebt, mit dem Angebot eines guten, spiegelnden Selbstobjektes. Es soll vorzugsweise ressourcenorientiert und regressionsbegrenzend vorgegangen werden (nach Wöller/Kruse). Es soll zur Überich-Entlastung und Selbstwertstärkung kommen, dabei sollen die in den aktuellen Beziehungsepisoden auftauchenden Konfliktinhalte bewusst werden. Auf der Basis der Einsicht soll sie Instrumente zur Selbsthilfe erlernen. Die erreichte Stabilisierung soll dann zur weiteren ressourcenorientierten Klärung des Abhängigkeits-Autonomie-Konfliktes mit den Bezugspersonen genutzt werden. Dabei sollen im Schutz der positiven Übertragungsbeziehung in der Therapie Eigenverantwortlichkeit, Affektkontrolle und Empathie bei der Patientin gefördert werden. Die Patientin soll eine neue, in sich selbst gegründete Lebensperspektive entwickeln.

**Insgesamt ist die Patientin motiviert zur längerfristigen Arbeit in der Psychotherapie. Sie zeigt eine gute Krankheitseinsicht bei aktuellem Leidensdruck sowie den Wunsch, etwas zu ändern in ihrem Leben.**

## Positiver Umgang mit der Sexualität

*Copula carnalis tut's nicht,*
*es muss Sinn und Herz übereinstimmen.*

Die Sexualität ist auch im Alter ein sensibler Indikator für Störungen des psychovegetativen Gleichgewichts, z. B. als Folge von Partnerschaftskonflikten und Selbstwertproblemen. Umgekehrt können sexuelle Störungen die Beziehung zum Partner und zum eigenen Selbst belasten. Immer muss eine organische Ursache ausgeschlossen werden.

*Sprachbilder*
*sich jemanden vom Hals halten*
*sich nicht öffnen*
*Schlappschwanz*
*am Ziel vorbeischießen*
*cool bleiben*

**Beschwerden und Motive**
Bei ausgeprägter Ich-Schwäche ist die orgastische Regression mit Gefahren für die Selbstkontrolle und die Ichgrenzen verbunden. Es sind oft Angst und Scham vor der Ekstase, die den Orgasmus verhindern. Jahrhunderte hindurch wurde der Begriff der Sünde mit dem der Sexualität verknüpft. Die damit verbundenen Ängste und Hemmungen wirken sich noch in unserer freizügigeren Zeit in Form von sexuellen Störungen aus.
Betrachtet man bei Sexualstörungen die psychosozialen Konfliktinhalte, begegnet man regelmäßig einer Überbewertung des Bereiches Beruf/Leistung zu Lasten der Beziehung zum Körper, der wie eine Maschine zu funktionieren hat. Die Beschäftigung mit dem eigenen Körper und Zärtlichkeiten werden von den Betroffenen als Zeitvergeudung, Gefühlsäußerungen als Gefühlsduselei gewertet. Höflichkeit hat gegenüber der offenen Äußerung von Wünschen

und Aggressionen den Vorrang. Dieses Sich-nicht-mitteilen-Können findet in der Sexualstörung körperlichen Ausdruck.
Besondere Schwierigkeiten können sich in der Liebesfähigkeit einer Frau ergeben, wenn die eigene weibliche Identität nicht akzeptiert und aus dem Penisneid heraus auf den Mann eine phallische Omnipotenz projiziert wird (nämlich all das, was ihr scheinbar fehlt). Der reale Partner muss zwangsläufig die idealen Erwartungen enttäuschen. Daraus können Kohabitationsstörungen resultieren.
Die Fähigkeit, durch den Körper »nein« zu sagen (Frigidität); die Fähigkeit, sich aus dem Konfliktfeld der Sexualität zurückzuziehen (Erektionsstörungen) oder schnell zum Ziel zu kommen (ejaculatio praecox).
Eine ganzheitliche Behandlung wird Stückwerk bleiben, wenn ein defizitärer Lebensbereich ausgespart bleibt. Der erste Schritt zur Behandlung von Sexualstörungen ist die Verbalisierung dieses vielfach noch als Tabu behandelten Themas. Es ist notwendig, die Frage nach der Sexualität zu einem festen Bestandteil der Anamnese zu machen. Dabei muss der Arzt oftmals eigene Hemmungen überwinden. Das Bewusstsein für die eigenen Ängste und Schamgefühle kann jedoch auch zu einem besonders einfühlsamen Umgang mit den sexuellen Schwierigkeiten des Patienten beitragen. Allgemein gehaltene Fragen, z. B. »Haben Sie sexuelle Probleme?«, werden nicht selten ausweichend oder unrichtig beantwortet. Wenn der Arzt seinen Patienten schon etwas besser kennt, wird er sich nicht scheuen, präzise Fragen zu stellen: »Wann hatten Sie das letzte Mal Verkehr mit Ihrem Partner? Haben Sie Freude daran? Hatten Sie Beschwerden? Erleben Sie einen Höhepunkt? Was vermissen Sie in Ihrem Sexualleben?« Wenn der Arzt bemerkt, dass es dem Patienten schwer fällt, sich zu seinem Sexualleben zu äußern, wird er ihn auf sein Schamgefühl ansprechen. Es ist völlig normal, Scheu in diesen intimen Dingen zu fühlen. Der Arzt wird den Widerstand seines Patienten respektieren und ausdrücklich die Grenzen seiner Mitteilungsbereitschaft anerkennen: »Sie allein entscheiden, wie weit wir in unserem Gespräch gehen. Vielleicht müssen wir uns noch ein bisschen besser

kennen lernen, damit Sie sicher sein können, dass ich mit dem, was Sie mir anvertrauen, richtig umgehe.« Der Widerstand des Patienten hat eine wichtige Schutzfunktion vor überflutenden Gefühlen von Angst, Scham und Trauer. Wenn der Arzt sein Interesse und seine Gesprächsbereitschaft deutlich gemacht hat, kommen viele Patienten von sich aus und zu einem geeigneten Zeitpunkt darauf zurück.
Schon die Verbalisierung sexueller Probleme gegenüber dem Arzt hat insofern therapeutische Wirkung, als damit auch der Kommunikation mit dem Partner der Weg geebnet wird. In den meisten Fällen ist es sinnvoll, den Partner in die therapeutische Arbeit mit einzubeziehen.
Nicht selten hängen die Schwierigkeiten zusammen mit dem (auch bei Ärzten) mangelnden Aufklärungsgrad über

- das Wesen der erotischen Beziehung
- die unterschiedlichen Erregungsabläufe bei Mann und Frau
- den Stellenwert von Zärtlichkeit bei der Intimität
- Möglichkeiten der verbalen und nonverbalen Mitteilung sexueller Wünsche
- die Abgrenzung der vielfältigen Variationen sexueller Aktivität von Perversionen

Eine Reihe von leichteren sexuellen Störungen verschwindet durch ein aufklärendes Gespräch.
In der Paarbehandlung ist es sinnvoll, ein Koitusverbot auszusprechen. Damit ist nicht mehr die sexuelle Störung, sondern der verbietende Arzt der Fokus. Der Leistungsdruck entfällt, die Partner werden vom eigentlichen Problem abgelenkt. Oft erfolgt der Verkehr dann ohne Schwierigkeiten.
Da funktionelle sexuelle Störungen in der Regel mit Angst, Unruhe und Verkrampfung einhergehen, sind Entspannungsverfahren wie das autogene Training zu empfehlen. Ein tieferes Verständnis ermöglicht die Analyse der konkreten psychosozialen Auswirkungen der sexuellen Symptome. Häufig erschüttert die Störung vor allem das Selbstwertgefühl und Selbstkonzept, das charakteristischerweise auf

einem störungsfreien Funktionieren basiert. Die sexuelle Problematik demaskiert auf diese Weise verborgene narzisstische Defizite, die inhaltlich thematisiert werden müssen. Andere Konsequenzen können sein: Distanz zum Partner, Kränkung, Bestrafung des Partners, Untreue, Vertrauensverlust, Trennung, Konsequenzen für die Zukunftsplanung.

Immer lohnt es sich, die Auswirkungen der Störungen als sinnhaft, als unbewusst intendiert zu interpretieren, z. B. die Fähigkeit, durch den Körper »nein« zu sagen (positive Deutung).

Hartnäckige Sexualstörungen gehören selbstverständlich in psychotherapeutische Fachbehandlung.

## Was passiert im Alter?

Das Alter kommt oft erschwerend hinzu. Bei älteren Männern treten vielfach Veränderungen, zum Beispiel eine Vergrößerung der Prostata und Beschwerden bei der Blasenentleerung auf, die häufig mit einer Erektionsschwäche oder Störungen des Sexuallebens allgemein einhergehen.

Aber auch das Alter an sich kann zu einer Veränderung der männlichen Sexualität führen. Er braucht mehr Stimulation als früher, mehr Anfassen, Streicheln, Küssen. Die Erektion hält nicht mehr so lange an, und er kann in der Regel nicht mehr sofort ein weiteres Mal.

Das sind durchaus erklärbare Veränderungen! Aber wenn Sie beide das nicht einfach so hinnehmen wollen, dann scheuen Sie sich nicht, einen Arzt, dem Sie vertrauen, um Hilfe zu bitten. In der Mehrzahl der Fälle kann durch die modernen Therapieverfahren eine deutliche Verbesserung erreicht werden.

## Gespräch miteinander

Vergessen Sie nicht, dass es auch nonverbale Kommunikation zwischen Mann und Frau gibt. Ihre Gesten, Ihr Verhalten, Ihr Gesichtsausdruck sind mindestens ebenso wichtig wie das gesprochene Wort. Seien Sie ihm zugewandt, erhöhen Sie die Aufmerksamkeit für alles, was ihn betrifft, und lassen Sie ihn nicht »weglaufen«. Er braucht das Gefühl der Nähe und der vertrauten Partnerschaft jetzt mehr als je zuvor.
Wenn Sie sich bei ihm über die Situation beklagen, haben Sie in der Regel schon verloren. Er ist genervt und verzweifelt, sofort geht er in die Verteidigung, denn er wird Ihre Worte möglicherweise als Angriff deuten. Er kann Sie nicht mehr zufriedenstellen, das ist bitter und hemmt ihn umso mehr. Es kann sein, dass er das für ihn sehr unangenehme Gespräch sofort abblockt – zum Beispiel mit Ausreden wie »ich habe im Moment eben beruflich viel am Hut.«

## Das fünfstufige Vorgehen in einem Fallbeispiel zur Sexualität

### »Er will seine Affäre beenden«

#### 1. Stufe: Beobachtung/Distanzierung

Die 56-jährige Patientin kommt an ihrem Geburtstag zum Erstinterview. Sie versuche zu verdrängen, dass ihr Ehemann im letzten Jahr fremdgegangen sei, dass »alle es gewusst« hätten, »nur sie selber nicht«. Sie fühle sich gedemütigt vom Ehemann und sei schwer enttäuscht. Sie wisse vom Verhältnis des Ehemannes nun seit zwei Monaten. Herausgekommen sei es, weil eine Tochter den Vater zur Rede gestellt hatte, da sie auf seinem Mobiltelefon eine verräterische SMS gefunden hatte. Die Töchter hätten den Vater einige Zeit beobachtet, schon zwei Monate zuvor Bescheid gewusst. Der Vater habe aber den Töchtern verboten, der Mutter etwas zu erzählen, und drohte damit, das Geld für ihr Studium zu streichen. Er wolle seine Affäre beenden und wieder klare Verhältnisse schaffen. Die Töchter hätten sich erpresst gefühlt und, um die »Lügerei zu beenden«, der Mutter immer wieder Hinweise gegeben und Andeutungen gemacht, die die Patientin aber nicht wahrnehmen wollte. Einen festen Sporttermin pro Woche habe der Mann regelmäßig für Treffen mit einer Frau genutzt, die er als ehemalige Arbeitskollegin auf einer Betriebsfeier im Mai letzten Jahres wiedergetroffen habe. Er habe ein Abenteuer gesucht, eine Trennung war seinerseits nie beabsichtigt, die geschiedene Geliebte habe aber geklammert, drei Monate habe die Affäre gedauert. Nie sei die Patientin misstrauisch geworden, sie fühle sich jedoch in ihrem Vertrauen hintergangen, sie könne nicht begreifen, warum er fremdging. Das Verhältnis zum Ehemann sei im Moment sehr schwierig. Für ihn sei »das Kapitel erledigt, da er die Affäre beendet habe«. Ihr gehe es damit aber schlecht, sie leide unter Schlafstörungen, könne nur ein bis vier Stunden pro Nacht schlafen, habe starken Nachtschweiß, ihre Arme würden schmerzen. Immer wieder kämen die gleichen Gedanken hoch, dass der Ehemann alles aufs Spiel gesetzt habe, sie sei in ihrem Lebensgefühl stark beeinträchtigt, habe auch Suizidgedanken gehabt. Den Töchtern habe das außereheliche Verhältnis des Vaters ebenfalls sehr zugesetzt, eine von ihnen habe sich deswegen sogar beinahe von ihrem Partner getrennt. Die Solidarität der Töchter tue ihr aber gut.

**Positive Deutung** der Symptome: Depression als Fähigkeit, tief zu empfinden, intensive Gefühle zu empfinden, Wichtigkeit der ehelichen Bindung zu überdenken. Die Fähigkeit, innere Unruhe mittels nächtlicher Wachheit auszudrücken. Ent-Täuschung als Weg zur Wahrheit, als Ende von Betrug und Lügen sehen können. Wut als Quelle von Vitalität und Kraft.

**2. Stufe: Inventarisierung**

**Symptomatik im Bereich Körper/Sinne**

– Erhebliche Schlafstörung, kann nur ein bis vier Stunden schlafen

- Nachtschweiß
- Essstörung und Appetitlosigkeit
- Beidseitige Armschmerzen
- Weinkrämpfe

**Symptomatik im Bereich Leistung**

- Konzentrationsschwierigkeiten
- Unterforderungsgefühl, 400-Euro-Job, hat ihre frühere erfreuliche Berufstätigkeit als Versicherungskauffrau aufgegeben

**Symptomatik im Bereich Kontakt/Kommunikation**

- Massives Gefühl der Enttäuschung
- Gefühl von Machtlosigkeit gegenüber Ehemann, gehemmte Aggression
- Fühlt sich vom Ehemann betrogen
- Beschämungsgefühl vor den Töchtern
- fehlender Zusammenhalt in der Familie

**Symptomatik im Bereich Phantasie/Zukunft**

- Traurigkeit und Verstimmung
- massive Selbstzweifel und Verlust des Selbstwertgefühls
- keine Zukunftsplanung mehr aufgrund der akuten Ereignisse, latente Suizidalität, Gefühl von Sinnlosigkeit

**Life-Events der vergangenen fünf (bis zehn) Jahre**

- Außereheliches Verhältnis des Ehemannes nach dreißig Ehejahren, Aufdeckung durch die Töchter
- Beschämung durch den Vorwurf der Töchter, dass die Patientin zu vertrauensselig sei und nichts gemerkt habe
- Tod der Katze vor drei Jahren
- Tod der Schwiegermutter Ende 2006, Ehemann war bis zu ihrem Tod »nicht abgenabelt«, danach jedoch Besserung des ehelichen Verhältnisses mit intensiveren Gesprächen und mehr gemeinsamen Aktivitäten
- Einbruch in das Eigenheim vor fünf Jahren, einige Wertsachen entwendet, seitdem Ängste in der Nacht
- Tod des Vaters vor zehn Jahren

**Lebensgeschichte**

Aufgewachsen ist die Patientin in einer Großstadt im Rhein-Main-Gebiet. Die Mutter sei von Beruf kaufmännische Angestellte gewesen und habe einen Mittelschulabschluss gehabt. Der Vater sei Maschinen-Meister gewesen, habe nur über einen Volksschulabschluss verfügt. Er sei katholisch erzogen, sollte eigentlich Pfarrer werden. Das Verhältnis zu ihm wird als gut beschrieben, er sei eine gutmütige und duldsame Person gewesen, die Mutter sei jedoch eine starke Persönlichkeit gewesen und habe in der Familie dominiert. In der Schulzeit habe sie ihr dann bei Schulaufgaben besser helfen können als der Vater, mit dem sie als Kleinkind wohl gut zurechtgekommen sei. Damals habe sie den Wunsch gehabt, ihn zu heiraten. Insgesamt bezeichnet die Patientin ihre eigene Kindheit als glücklich. Geschwister habe sie immer vermisst, wichtig sei ihr jedoch noch eine Großmutter gewesen. In der Schule sei sie mittelmäßig gewesen, das Verhältnis zu Lehrern und Mitschülern sei zum Teil schwierig gewesen. Nach dem Realschulabschluss habe sie eine Ausbildung als Versicherungskauffrau absolviert, sich in dieser Zeit und auch später im Beruf sehr wohl gefühlt, sei auch beruflich aufgestiegen und habe es bis in eine Position mit Personalverantwortung und Vollmacht gebracht.

Mit siebzehn Jahren habe sie ihren späteren Ehemann in der Berufsschule kennen gelernt, sieben Jahre später hätten sie geheiratet. Nach weiteren sechs Jahren habe sie dann den Beruf wegen der Geburt zweier Kinder aufgeben müssen, die beiden Töchter seien heute 26 und 23 Jahre alt. Das Aufgeben ihrer schönen Position habe sie immer bedauert. Seit sechs Jahren ist die Patientin teilzeitbeschäftigt in einem Schreibwarenladen mit Poststelle, dort gebe es »keine besonderen Vorkommnisse«, das Verhältnis zu Chefin und Kollegen sei sehr gut. Der Mann sei beruflich aufgestiegen, die Familie bewohnt ein Eigenheim in angenehmer Umgebung, es bestehen keine finanziellen Probleme. Depressionen seien schon einmal aufgetreten nach der ersten Schwangerschaft, nach erfolgloser ambulanter Behandlung musste die Patientin für zwei Monate stationär psychiatrisch-psychotherapeutisch behandelt werden. Danach sei es ihr bedeutend besser gegangen. Kummer hätten ihr der Tod des Vaters vor zehn Jahren und auch der Tod verschiedener Haustiere gemacht, insbesondere der Katze, die vor drei Jahren gestorben sei.

### 3. Stufe: Situative Ermutigung

Durch Gespräche mit dem Kindern und auch dem Ehemann versuchte die Patientin bisher, ihre Verstimmung zu bewältigen. Es gebe auch eine »Sandkasten-Freundin«, die etwa hundert Kilometer entfernt wohne, die sie aber unterstütze. Sie versucht sich mit angenehmen Aktivitäten wie Malen, Spaziergängen in der Sonne, Sporttreiben, Fernsehen (Abendshows wie »Wer wird Millionär?«) abzulenken. Mit Hilfe von Tagesplanung versuche sie ihr Leistungs- und Konzentrationsdefizit in den Griff zu bekommen. Die Patientin hat bisher ihr Leben erfolgreich bewältigt, insbesondere durch ihre Zielstrebigkeit und Arbeitsfreude viel positive Bestärkung im Beruf, aber auch als Hausfrau und Mutter erhalten. Durch Einnahme von pflanzlichen Präparaten (Johanniskraut und Baldrian) habe sie versucht, sich selbst zu behandeln.

### 4. Stufe: Verbalisierung

Als Grundkonflikt kann ein ungelöster ödipaler Konflikt angenommen werden, »als Kind wollte ich meinen Vater heiraten«. Die als übermächtig erlebte Mutter verhinderte dies, entwertete möglicherweise auch den weniger gebildeten Vater vor der Tochter, so dass die Patientin eine zunehmende Distanz zum Vater bekam. Eine altersentsprechende Lösung des ödipalen Konfliktes und eine phasengerechte Triangulierung waren nicht ausreichend möglich. Die Mutter diente in ihrer Leistungsorientiertheit als Vorbild, die Aktualfähigkeiten Fleiß/Leistung, Sparsamkeit, Ordnung, Zuverlässigkeit, Treue spielten die größte Rolle, schlechte Leistungen und »Fehlverhalten« wurden vermutlich mit Liebesentzug bestraft.

In der aktuellen Dreieckssituation wird der alte ödipale Konflikt reaktualisiert, die als stark und dominierend erlebte Mutter als dritte Person, die um den Vater konkurriert, erzeugt in ihr ein Gefühl von Hilflosigkeit und Ohnmacht, führt zu starken, aber gehemmten Aggressionen, die die

Patientin aus Angst vor Liebesentzug nicht ausleben kann, sondern gegen das eigene Selbst in Form von depressiver Symptomatik und Schulter-Arm-Schmerzen richtet. Der Einfluss der Töchter, die von ihr mehr mütterliche Stärke und bessere Durchsetzungskraft verlangen, beschämt die Patientin und verschärft den depressiven inneren Konflikt noch zusehends. »Alle wussten es, nur ich nicht«, »Wir sind die Blöden, Treuen, Ehrlichen«.

Mit Hilfe der therapeutischen Geschichte »Die Schwierigkeit, es allen recht zu machen«, wird der Patientin das Vorgehen in der Positiven Psychotherapie erläutert und eine Beschäftigung mit Aktualfähigkeiten und Vorbilddimensionen als Grundlage für eigenes Verhalten ermöglicht. Die Patientin wirkt im Erstinterview geknickt und niedergeschlagen, erzeugt in mir einerseits Mitleid mit der erlebten massiven Kränkung, anderseits kommt in mir auch ein Gefühl von Langeweile und auch Verachtung, fast Wut auf, dass die Patientin in ihrer Sturheit so überhaupt keinen Ansatz von Verzeihenkönnen zeigt. Status- und Besitzwahrung scheinen die Hauptlebensinhalte zu sein. In ihrer moralisch-vorwurfsvollen Haltung ist zu erwarten, dass sie irgendwann auch Vorwürfe gegen den Therapeuten richtet, die den Aufbau von zu großer Nähe verhindern können. Ein angebotenes Wasserglas nimmt sie zwar an, trinkt es aber nicht aus. Ich nehme wenig Mitschwingung und Empathie wahr, auf die angebotene Beschäftigung mit den vier Bereichen geht sie im Erstinterview überhaupt nicht ein.

**5. Stufe: Zielerweiterung**

Die Patientin erwartet von einer Therapie die Besserung ihres seelischen Zustandes, es besteht ein erheblicher aktueller Leidensdruck, der sie sehr motiviert in die Therapie kommen lässt.

Bisher hatte sie als gemeinsame Basis ihres Lebens und ihrer Ehe die Werte Ehrlichkeit und Treue, Zielstrebigkeit und Arbeitsfreude wahrgenommen, daher sei nun ihr ganzes Weltbild erschüttert, da der Ehemann sich so unbegreiflich verhalten habe. Die jetzige Krise gibt die Chance, das eheliche Verhältnis neu zu überdenken, aber auch die Möglichkeit, sich nicht nur als Teil eines Paares wahrzunehmen und eigene Existenzfragen zu klären, eigene Religiosität und Spiritualität zu entdecken.

**Die Patientin soll lernen, besser für sich sorgen zu können und aggressive Regungen in angemessener Form auszudrücken und zu bewältigen.**

## Positiver Umgang mit Bluthochdruck und Psychosomatik, um die Folgen von Herzinfarkt, Schlaganfall und Alzheimer zu mildern

*Sprachbilder*
*unter Druck stehen*
*es kocht einem das Blut*
*auf 180 sein*
*Ich könnte vor Wut platzen*
*Druck erzeugt Gegendruck*

Das Gehen befördert den Umtrieb des Blutes und der Säfte, verhindert die oft so verderbliche Anhäufung in einzelnen Organen, trägt demnach zur gleichmäßigen Ernährung und Kräftigung des ganzen Körpers bei und ist ein souveränes Mittel zur Erhaltung der Gesundheit.

### Beschwerden und Motive

Psychosoziale Belastungssituationen (Stress) führen beim Menschen gleich welchen Alters zur Aktivierung des sympathischen Nervensystems mit erhöhten Katecholaminspiegeln und zum Blutdruckanstieg. Besonders chronischer Ärger und unterdrückte Aggressionen scheinen bei Disponierten eine Adaptation der Blutdruckfühler und eine Sollwertverstellung im Regelsystem mit der Folge anhaltender Hypertonie (Bluthochdruck) zu bewirken. Umgekehrt sinken die Blutdruckwerte, wenn Möglichkeiten zur Spannungsabfuhr vorhanden sind. In der Praxis erweisen sich vor allem Entspannungsverfah-

ren (Autogenes Training, progressive Muskelentspannung, Yoga, Hypnose und Biofeedback) als effiziente Methoden zur Unterstützung der medikamentösen Therapie. Inhaltlich wird es notwendig sein, die Themen Höflichkeit, Ehrlichkeit, Leistung, Zuverlässigkeit, Gehorsam, Gerechtigkeit, Zeit, Geduld und Vertrauen anzusprechen. Niedriger Blutdruck äußert sich in Form von kalten Händen und Füßen, Kälteempfindlichkeit, Müdigkeit, Schwindelgefühl und Schwarzwerden vor den Augen, Herzklopfen, Angstgefühl. Er ist eine häufige Begleiterscheinung vasomotorischer Kopfschmerzen.
Nach Ausschluss einer organischen Ursache eignen sich therapeutisch:

- ausreichende Flüssigkeits- und Elektrolytaufnahme
- alle Arten von Sport, Bewegung an frischer Luft
- isometrische Übungen, weil Hypotoniker oft gleichzeitig an hypermobilen Gelenken leiden und Patienten mit Stenokardien gleichzeitig an vertebragenen Schmerzausstrahlungen
- Hydrotherapie und Trockenbürsten
- in schwereren Fällen von Hypotonie Weißdorn-Kampfer-Präparate
- bei Herzrhythmusstörungen Beta-Rezeptorenblocker, Sedativa

Bei älteren Patienten muss auch an Störungen der Mikrozirkulation gedacht werden. Sie zeigen sich als

- Störungen des Gedächtnisses
- Verminderung des Antriebs
- Störungen des Schlaf-Wach-Rhythmus

## Das fünfstufige Vorgehen in einem Fallbeispiel zu Bluthochdruck und Schwindelattacken

### »Ich leide seit dieser Zeit an Bluthochdruck.«

**1. Stufe: Beobachtung und Distanzierung**

Frau G., 54 Jahre, kommt in Begleitung ihres Mannes.

Sie ist eine zarte, kleine, gepflegte Frau, verheiratet, hat einen 26-jährigen Sohn und arbeitet seit 25 Jahren in einem Steuerbüro.

Seit einem Vierteljahr leidet sie an Bluthochdruck und Schwindel mit dem Gefühl, wie in einem fallenden Fahrstuhl zu sein, zusätzlich bekommt sie Herzrasen und Angstattacken. Sie hat Angst, ohnmächtig zu werden, zu fallen, keine Kontrolle über sich zu haben. Wenn sie sich dann gleich setzen kann, beruhigt sie sich langsam.

Ihr Ziel ist es, mit dem Bluthochdruck und Schwindel besser leben zu können und nicht mehr so sehr von den Schwindelattacken »überfallen« zu werden.

**Beschwerden im Bereich Körper:**

Körperliche Aktivitäten wie zum Beispiel Tennis spielen werden durch Bluthochdruck und Schwindelattacken immer mehr reduziert.

Sie hat das Gefühl, dass sie sich auf ihren Körper nicht mehr verlassen kann und er mit ihr macht, was er will.

Äußerlich ist sie eine sehr gepflegte Frau, trägt dezenten Schmuck und legt auf gesunde Ernährung viel Wert.

**Beschwerden im Bereich Leistung:**

Frau G. arbeitet in einem Steuerbüro. Die Arbeit nimmt sie sehr genau und wichtig. Arbeit, die sie während der Arbeitszeit nicht erledigen konnte, brachte sie mit nach Hause, um sie dort fertigzustellen, dies war insbesondere vor und nach der Urlaubszeit der Fall. Die Möglichkeit, Arbeit an andere Mitarbeiter abzugeben, kommt für sie nicht in Frage. Die Beziehung zu den anderen Mitarbeitern ist oberflächlich freundlich,

aber nur auf den Arbeitsbereich beschränkt. Persönliche Angelegenheiten werden nicht mitgeteilt.
Aufgrund der Erkrankung fiel sie für 2 Wochen aus, woraufhin ihre Chefin meinte, sie müsse die Arbeit an einen anderen Mitarbeiter geben, was Frau G. als Vorwurf verstand, sich ärgerte, aber gleichzeitig versuchte, noch mehr zu arbeiten, um den ›Ansprüchen‹ gerecht zu werden.
Durch die plötzlichen Schwindelattacken traute sie sich nicht mehr, von ihrem Platz aufzustehen. Hatte Angst, zum Kopierer zu gehen, durch den Raum zu laufen oder zur Toilette zu gehen. Sie vermied zunehmend das Verlassen ihres Arbeitsplatzes und stand erst dann auf, wenn keiner im Raum war. Sich jemandem anvertrauen konnte sie im beruflichen Umfeld nicht.

**Beschwerden im Bereich Kontakte/Familie:**
Wichtigste Person ist ihr Mann. Er gibt ihr Halt und Unterstützung. Die Beziehung zu ihrem Ehemann wird seit dem Auftreten der Schwindelattacken noch enger. Er bringt sie zur Arbeit, holt sie von dort ab, und sie gehen gemeinsam einkaufen. Treffen mit Bekannten jedoch werden seit den Schwindelattacken zunehmend weniger.
Der Sohn ist dabei, auszuziehen, worüber sie sehr froh ist, da sie dann nicht mehr kochen muss, seine Wäsche nicht mehr waschen muss …
Andererseits schämt sie sich dafür, dass sie froh darüber ist.

**Beschwerden im Bereich der Phantasie/Zukunft:**
Sie hat Angst, dass der Schwindel ihr Leben zunehmend einschränkt. Da schulmedizinisch kein Grund für ihren Schwindel gefunden wurde, nimmt sie jetzt jede Möglichkeit wahr, was den Schwindel beheben ließe. Weitere Wünsche hat sie nicht. Sie möchte weiter arbeiten und in Ruhe leben. Religion spielt in ihrem Leben keine Rolle, sagt sie.

**2. Stufe: Inventarisierung:**
Bei der Bearbeitung des Balancemodells fiel auf, dass der Bereich Leistung ein großes Übergewicht hat, wohingegen der Bereich Phantasie/Zukunft und Körper zu kurz kommt.

**3. Stufe: Situative Ermutigung:**

Frau G. wurde bestätigt, dass sie sich jeweils nach einem Schwindelanfall nicht entmutigen ließ und immer wieder neue Versuche in ihrer Alltagsbewältigung unternahm.

Einen Konfliktpunkt sah sie in ihrer Überkorrektheit am Arbeitsplatz. Frau G.s Befürchtung, sie würde bei Ausfall oder bei Nicht-Erbringen der üblichen Arbeitsleistung nicht anerkannt werden, war für sie im Geiste schon Realität geworden. Daher gefiel ihr die Lebensweisheit »Angst bringt die Lahmen auf die Beine« und die »Geschichte des Bauern mit dem Kind und Esel« besonders gut. Sie fand den Mut, die Arbeit auf die Arbeitszeit zu beschränken.

**4. Stufe: Verbalisierung**

Frau G. war nach anfänglichem Zögern geradezu erleichtert, dass sie nun nicht nur die Erlaubnis, sondern auch die Pflicht hatte, die Arbeit einzuschränken. Sie hatte sich bisher völlig auf den Leistungsbereich konzentriert (und definiert), um sich mit den Konflikten in den anderen Bereichen nicht auseinandersetzen zu müssen. Ursache dafür waren u. a. übergroße Höflichkeit, denn sie wollte die Erwartungen ihres Arbeitgebers und der Kollegen unbedingt erfüllen.

**5. Stufe: Zielerweiterung**

Bereich Leistung: Frau G. möchte keine Arbeit mehr mit nach Hause nehmen und will das Zuviel an Arbeit auch mal an andere Kollegen weitergeben.

Sie entscheidet für sich, dass sie auch mal krank sein darf.

Frau G. will zu einer Kollegin, die sie ganz sympathisch findet, näheren Kontakt aufnehmen. Sie kann sich vorstellen, ihr später auch von den Schwindelattacken zu erzählen, um in das berufliche Umfeld eine Entlastung zu bringen.

Damit eröffnet sich Frau G. die Möglichkeit eines wechselseitigen Verstehens unter Kollegen und eines sich daraus ergebenden wechselseitigen Verständnisses auch für menschliche Schwächen.

**Bereich Familie/Freunde:**
Frau G. will den Kontakt zu ihren Bekannten, trotz ihrer Schwindelattacken, wieder vermehrt aufnehmen und sich nicht weiter zurückziehen.
Sie möchte mit Hilfe ihres Mannes ihren Bewegungsradius jeden Tag ein bisschen mehr ausbauen.

**Bereich Körper/Sinne:**
**Die Patientin wurde neben einer medikamentösen Therapie weiterhin psychosomatisch behandelt.**
**Sie ist in der Lage, einen neuen Umgang mit ihren Beschwerden zu finden, um sich so Schritt für Schritt wieder an ihre frühere Lebensqualität annähern zu können. Dazu ist sie auch bereit, einen Kurs für Autogenes Training zu besuchen, um mit den erlernten Entspannungsübungen den Schwindelattacken zukünftig weniger ausgeliefert zu sein.**

## Positiver Umgang mit Magen-Darm-Beschwerden

*Kleide dich warm, füll nicht den Darm, trink mit Maß, dann kommst du spät unters Gras.*

Die Funktion der Verdauungsorgane nimmt eine zentrale Stellung ein. Im Darm findet (auf einer durch Falten, Zotten und Mikrovilli auf etwa 200 Quadratmeter vergrößerten Oberfläche) der intensivste stoffliche Austausch mit der Außenwelt statt. Neben Assimilation, Resorption und Ausscheidung leistet der Darm die Abwehr einer gewaltigen Zahl von im Darmlumen siedelnden Mikroorganismen.

*Sprachbilder*
*Es schlägt mir auf den Magen*
*Sich vor Angst in die Hose scheißen*
*Einen Anschiss bekommen*

*Ein Korinthenkacker sein*
*Etwas nicht verdauen können*
*Etwas ist zum Kotzen*
*Dir ist wohl eine Laus über die Leber gelaufen*

*Wenn der Bauch voll ist, freut sich der Arsch.*

**Beschwerden und Motive**

Patienten mit funktionellen Magen-Darm-Problemen haben ein ausgeprägtes Bedürfnis nach Zuwendung, sozialer Zugehörigkeit und Geborgenheit. Werden diese passiv-rezeptiven Wünsche frustriert oder bedroht, z. B. durch Trennungen oder Ablösungsbestrebungen, kommt es zu einer Dauererregung des Parasympathikus. die bei entsprechender Disposition zu peptischen Duodenal- bzw. Magenulcera, Ileitis terminalis oder Colitis ulcerosa führen kann. Patienten mit funktionellen Erkrankungen der Verdauungsorgane haben Angst, ihre aggressiven Gefühle zu äußern. Sie sind im besonderen Maße zur sozialen Anpassung (Höflichkeit), zu Gehorsam, Fleiß und Pflichterfüllung erzogen worden. Außerdem würde die offene Aggression die Beziehung zu den Menschen, von denen sich die Kranken abhängig fühlen, zusätzlich gefährden. Deshalb werden die aggressiven Triebwünsche über den Mechanismus der Somatisierung abgewehrt. Die psychosomatische Konfliktverarbeitung ist häufig mit Selbstwertproblemen, depressiven Rückzugs- und Vermeidungstendenzen verbunden.

Der erste Schritt zur Darmsanierung muss auch für ältere Patienten eine Ernährungsumstellung sein. Dazu werden die Patienten über die Wirkungen der Nahrungsbestandteile im Organismus aufgeklärt.

Für die Patienten empfiehlt sich folgendes Merkblatt: »Essen Sie sich gesund, fit und schön. Es ist viel einfacher, als Sie denken.«

**Hungern Sie nicht.**

Diäten bringen nichts. Nur eine dauerhafte Umstellung Ihrer Ernährung verspricht Langzeiterfolge.

**Essen Sie hauptsächlich naturbelassene Lebensmittel pflanzlicher Herkunft.**
Obst, Salate, Gemüse: roh, gedünstet oder milchsauer eingelegt (Sauerkraut), Vollkornprodukte, Naturreis.

**Ergänzen Sie diese Nahrung mit fettarmen Milchprodukten** (z. B. Yoghurt, Quark, Sauermilch), Fisch, Eiern und wenig Fleisch.

**Vermeiden Sie Zucker und weißes Mehl.**
Zucker begünstigt das Wachstum von Hefepilzen und anderen schädlichen Mikroorganismen im Darm, auf der Haut und auf Schleimhäuten. Zucker enthält keine Vitamine. Seine Verwertung verbraucht jedoch Vitamine. Zucker lockt die Magensäure. Er reizt die Bauchspeicheldrüse zur vermehrten Produktion von Insulin, das die Umwandlung von Zucker in Fett fördert. Die Folge sind eine schnelle Rückkehr des Hungergefühls und Gewichtszunahme. Produkte aus weißem Auszugsmehl werden im Darm leicht zu Zucker umgewandelt. Deshalb auch Weißbrot, Kuchen und Mehlspeisen wenig verwenden.

**Reduzieren Sie tierisches Fett** (z. B. in Wurst, fettem Fleisch, fettem Käse, Sahne, Butter).
Die Aufnahme von tierischem Eiweiß und Fett übersteigt in Deutschland bei weitem den Bedarf. Fette und Cholesterin treten vermehrt im Blut auf und schädigen die Blutgefäße.

**Vorsicht mit Genussmitteln!**
Sie bekommen nichts geschenkt. Kaffee kann nicht die notwendigen Ruhephasen ersetzen, sondern verschiebt nur den Zeitpunkt des Leistungsabfalls. Alkohol löst keine Probleme, sondern unterdrückt sie nur. Genussmittel sind Drogen, die zu immer höheren Mengen verleiten. Genussmittel schwächen auf Dauer Ihren Körper.

**Nehmen Sie sich Zeit zum Essen. Kauen Sie gründlich.**
Beim Essen stellt sich Ihr vegetatives Nervensystem auf die Steuerung der Verdauung ein.
Durch Hektik und Stress wird die Funktion der Verdauungsorgane beeinträchtigt. Magen- und Darmstörungen können die Folge sein.

**Entdecken Sie die Gaumenfreuden der vollwertigen Küche.**
Das Marktangebot, die Geschmacksvielfalt und die Zubereitungsmöglichkeiten pflanzlicher Kost sind fast unerschöpflich. Die Ernährungsumstellung bedeutet folglich nicht nur Verzicht, sondern kann auch ein Zugewinn an kulinarischen Erlebnissen sein. Manchmal hilft die Kochkunst des engagierten Ehepartners, ein gutes Vollwert-Restaurant oder die eigene Begeisterung an kreativen Zubereitungen.

## Das fünfstufige Vorgehen in einem Fallbeispiel zu Magen-Darmerkrankungen

### »Die Unberechenbarkeit meiner Krankheit bereitet mir große Ängste und Magenbeschwerden«

#### 1. Stufe: Beobachtung/Distanzierung

Die 61-jährige Patientin kommt über Vermittlung der Institutsambulanz in meine Praxis. Sie wünscht sich psychotherapeutische Behandlung, da sie seit zwölf Jahren an einer entzündlichen Durchfallerkrankung mit häufigen Durchfällen und Schmerzattacken leide. Mehrfach musste die Patientin stationär internistisch wegen akuter Schübe behandelt werden. Zurzeit finde sie Hilfe bei einer russischen Heilerin, die sie regelmäßig aufsuche, daher sei sie seit fünf Jahren nun einigermaßen stabil, so dass sie sich aktuell in der Lage sehe, eine Therapie zu beginnen. Aufgrund der Unberechenbarkeit der Erkrankung leide sie oft unter Ängsten, könne kaum in die Zukunft planen, da sie immer wieder mit Rückfällen rechnen müsse. Durch die Heftigkeit der Durchfälle sei es ihr auch schon mehrfach passiert, dass sie eingekotet habe. Die Patientin steht auch heute noch unter Steroid-Dauertherapie.

**Positive Deutung** der Symptome: Durchfälle als Reinigung des Darmes von Unverträglichem, als Fähigkeit, mit dem Körper zu sprechen und Abwehr/Ekel auszudrücken. Schmerz als Fähigkeit, intensiv zu empfinden. Krankheit als Möglichkeit, sich Berufsanforderungen zu entziehen, regressive Wünsche auszuleben (sekundärer Krankheitsgewinn).

**2. Stufe: Inventarisierung**

**Symptomatik im Bereich Körper/Sinne**

- häufige Darmentleerungen in Form von Durchfall, morgens besser, abends zunehmend
- Schlafstörungen aufgrund hoher Stuhlfrequenz
- Kraftlosigkeit und vermehrte Erschöpfbarkeit aufgrund der Erkrankung
- Leichte Zeichen eines M. Cushing unter Steroidtherapie

**Symptomatik im Bereich Leistung**

- berufliche Tätigkeit als Heilpraktikerin fast vollständig aufgegeben
- Berufsziele durch Durchfallsymptomatik nicht erreichbar (Referendariat abgebrochen)

**Symptomatik im Bereich Kontakt/Kommunikation**

- Sozialkontakte nur eingeschränkt möglich, Toilettennähe notwendig
- Starker Bezug zum Ehemann, eher Rückzug von Außenkontakten
- Übergroße Bedeutung der Heilerin als hilfreiche Kraft, symbiotisch-abhängiges Verhältnis zu ihr
- Schwierigkeiten mit dem Sohn, dessen Verhalten die Patientin kritisiert

**Symptomatik im Bereich Phantasie/Zukunft**

- wegen Krankheit nur eingeschränkte Zukunftsplanung möglich
- Ausführliche Beschäftigung mit Lesen, Malen, Musik, möglicherweise aber auch Flucht vor Leistungsanforderungen

**Life-Events der vergangenen fünf Jahre**

- Schwierigkeiten des Sohnes im Studium; Studienwechsel

- Schwierigkeiten mit den Eltern, Mutter psychiatrisch erkrankt, Vater verarmt, ständige Geldforderungen
- seit fünf Jahren fast tägliche energetische Behandlung bei der Heilerin, die endlich Hilfe gebracht hätte – stundenweise Tätigkeit als Heilpraktikerin seit vier Jahren

**Lebensgeschichte**

Die Patientin ist in einer Großstadt im Ruhrgebiet geboren worden. Die Mutter, von Beruf Sekretärin, sei »nicht sicher gewesen, was sie mit mir machen soll«, sie »sollte eine Abtreibung sein«. Die ersten neun Lebensmonate wurde sie von den Großeltern väterlicherseits versorgt, die Eltern seien nur am Wochenende zu Besuch dagewesen. Bei den Großeltern habe sie es aber gut gehabt, insbesondere der Großvater sei sehr wichtig für sie gewesen. Er war Schreiner und habe sie oft in die Werkstatt mitgenommen, sie durfte viel basteln, sei mit ihr geflogen und Ski gefahren. Auch die Großmutter habe sich intensiv um sie gekümmert und sei viel auf sie eingegangen. Allerdings sei das Verhältnis der Großeltern schlecht gewesen, sie hätten kein Wort miteinander gesprochen, getrennte Trakte im Haus bewohnt, nur noch mit Hilfe von Zetteln wegen einer gemeinsamen Waschmaschine im Keller kommuniziert. Auch das Verhältnis der Eltern sei nicht gut gewesen, es habe oft Streit gegeben. Als die Patientin vierzehn war, kam es zur Trennung, zwei Jahre später ließen sie sich scheiden. Der Vater, von Beruf Bankkaufmann, sei sehr karrierebewusst gewesen, mehrfach habe es beruflich bedingte Umzüge der Familie gegeben. Er habe damals viel Geld verdient, sei aber auch sehr verschwenderisch gewesen. Er habe wenig mit den Kindern gemacht, sei abends spät nach Hause gekommen. »Er kann sich nicht auf andere einlassen«. Da er sehr viel Aufmerksamkeit für sich brauchte, habe es auf den Arbeitsstellen zunehmend Schwierigkeiten gegeben. Mit vier Jahren habe sie eine Schwester bekommen, die von der Mutter mehr geliebt worden sei. Dann sei ihre Schwester an einem Gehirntumor erkrankt, nach einer ersten Operation sei sie einseitig gelähmt gewesen, nach einer Zweitoperation dann zum kompletten Pflegefall geworden. Trotz einjährigen Aufenthaltes in einer Reha-Klinik sei die Schwester ein Jahr später mit zwölf Jahren verstorben, zu dieser Zeit sei die Patientin zum Schüleraustausch in Amerika gewesen, habe ihren Tod in einer Vorahnung verspürt, es sei ihr selber zu diesem Zeitpunkt sehr schlecht gegangen. Mit achtzehn Jahren sei sie ausgezogen in eine eigene Wohnung, und ihre Freundschaft mit dem späteren Ehemann habe begonnen, den sie schon aus Kindertagen kannte.

Nach der Schule absolvierte sie eine Ausbildung zur Fremdsprachensekretärin, war in diesem Beruf ein Jahr tätig. Sie schloss ein Lehramtstudium mit den Fächern Anglistik und Deutsch an. Sie sei sehr leistungsorientiert gewesen im Studium, habe bei einem sehr anspruchsvollen Professor ihre Prüfung abgelegt. Mit fünfundzwanzig habe sie ein Jahr in den USA gelebt, dort sei erstmals Bauchschmerz mit Durchfall aufgetreten. Dies habe sie auf schlechtes Essen und Trinken zurückgeführt, sie erinnert sich aber auch daran, dass die ersten Symptome während eines erbitterten Streits ihrer Gasteltern auftraten. Erst nach der Rückkehr nach Deutschland habe sie sich ärztlich untersuchen lassen. Im Laufe des Referendariats in Deutschland sei die Symptomatik verstärkt aufgetreten. Da sie wegen ständiger Durchfälle »dauernd aus der Klasse rennen musste«, habe sie ihren Beruf aufgegeben. Schließlich begann sie eine Ausbildung zur Heilpraktikerin, seit vier Jahren sei sie nun stundenweise in eigener Praxis berufstätig. Nach Abschluss des Studiums bezog sie mit dem Ehemann das großväterliche Haus in ihrer Geburtsstadt, adoptierte zwei Kinder, die heute zweiundzwanzig und fünfundzwanzig Jahre alt sind. Eigene Kinder konnte sie aufgrund einer Endometriose nicht bekommen. Sie »brauchen viel Aufmerksamkeit«, aktuell hätten beide auch Schulschwierigkeiten. Sie habe nun den Schulwechsel des Sohnes beschlossen, es sei ihr aber sehr schwer gefallen, dies dem Direktor der alten Schule gegenüber durchzusetzen. Ihren Ehemann beschreibt sie als sehr fürsorglich und liebevoll, »er ist immer für mich da«. Andererseits habe sie »ihm gegenüber auch oft zurückgesteckt« und ihre Lebenspläne nicht verwirklichen können. In den nachbarschaftlichen Beziehungen leide sie oft darunter, sich nicht gut abgrenzen zu können, sie wolle »einfach zu sehr geliebt werden«, tue dann Dinge, die ihr nicht gut tun. Stark leide sie auch unter dem Verhältnis zur Mutter, diese habe nach der Scheidung zunächst viele Affären gehabt, sei dann zunehmend psychisch instabil geworden, habe zwei Suizidversuche unternommen, sei psychotisch geworden, lebe inzwischen in einer betreuten Wohneinheit. Der Vater sei nach einer gescheiterten Existenzgründung stark verschuldet gewesen. Mehrfach habe er sie um Geld gebeten, verlangte von ihr eine Hypothek auf ihr vom Großvater mütterlicherseits geerbtes Haus. Sie habe sich dann mit ihm arrangiert.

**3. Stufe: Situative Ermutigung**

Die intelligente Patientin war auch bisher schon in der Lage, sich in der regressiven Situation der Krankheit Hilfe zu holen. Sie ist andererseits aber auch realistisch genug, zu erkennen, dass das Krankheitsgeschehen in letzter Konsequenz als unkontrollierbar angesehen werden muss und sie sich daher dem Geschehen auch unterwerfen muss, d. h. auch auf eine regelmäßige Medikamenteneinnahme angewiesen ist. Sie verfügt über eine reiche Phantasie und kann ihren Gedanken, Träumen und Ideen mittels Kreativität (Musik, Malen, Schreiben) Ausdruck verleihen, kann ihre Gefühle aber auch im engen Verhältnis zum Ehemann einbringen – liebevolle Bindung an ihn als Kraftquelle.

**4. Stufe: Verbalisierung**

Durch aktuelle Auseinandersetzungen, die Abgrenzung erforderten (die stimmige Nähe in nachbarschaftlichen Kontakten finden) ist die Patientin an die Grenze ihrer Kompensationsmechanismen geraten. Um ihr den Schlüsselkonflikt Höflichkeit-Ehrlichkeit zu erläutern, beschäftigen wir uns mit den therapeutischen Geschichten »50 Jahre Höflichkeit« und »Die Schwierigkeit, es allen recht zu machen.« Sie kann viel damit anfangen (»Das ist meine Geschichte«), kann erkennen, dass sie wohl doch oft im Leben zurückgesteckt hat und sich an die Ideale der anderen angepasst hat. Sie hat Angst davor, durch ihre Entscheidungen andere zu verärgern. In ihrer angepassten, die Kontrolle suchenden Struktur dürfte dies eine Projektion eigener aggressiv expandierender Wünsche auf die anderen sein. Die Grenzziehung gelingt ihr nur unzureichend, die offene Willensäußerung und Selbstbehauptung hat die

Patientin bislang abgewehrt. Die chronische Erkrankung gab ihr langjährig das Gefühl, die Kontrolle über den Körper und damit über ihr Leben verloren zu haben, reaktiv hat sie ein großes Harmoniebedürfnis in den Personenbeziehungen entwickelt.
Es ist anzunehmen, dass die Eltern, insbesondere die Mutter, sich nur unzureichend um die Patientin als Säugling kümmerten, so dass die Patientin vermutlich frühe schwerwiegende emotionale Mangelerfahrungen erlitten hat. Der leistungsorientierte und distanzierte Vater wurde wahrscheinlich ebenfalls als versagend erlebt, seine anspruchsvollen Normen haben vermutlich ein strenges Über-Ich konstituiert. Diese schmerzvollen Personenbeziehungserfahrungen haben zu einer Beeinträchtigung des Selbsterlebens und zu einer Regression auf die sehr frühe Stufe des Ausdrucks der Triebspannung im Sinne einer Resomatisierung geführt. Ersatzweise konnte die Patientin sich an ihre Großeltern binden, jedoch verunsicherte der fehlende Zusammenhalt in dieser Ehe die Patientin weiter. Kompensatorisch entwickelte die Patientin ein großes Harmoniebedürfnis, sie versuchte immer zwischen den verfeindeten Parteien zu vermitteln, das nagende Gefühl von Bedrohung in der engen Bindung zu den Personen blieb erhalten. Mit Freundlichkeit und Aggressionsabwehr versuchte sie die Kontrolle zu behalten und die Situation zu beherrschen. Aktualisiert wurde dieser Grundkonflikt zum Zeitpunkt des ersten Auftretens der Kolitis-Beschwerden: Die Patientin verspürte in einer vergleichbaren Situation einer konflikthaften Auseinandersetzung zwischen den Gasteltern während ihres Kanada-Aufenthaltes starke Angst und ein Bedrohungsgefühl. Diese unkontrollierbare Spannungssituation überforderte die nur unzureichend ausgebildeten reiferen Abwehrmuster der Patientin. Sie konnte sich diesem Konflikt nicht auf der psychischen Ebene stellen, sondern musste das seelisch Unverträgliche und Unverdaubare in den Körper verlagern. Aufgrund ihrer strengen Über-Ich-Normen versuchte sie weiter »durchzuhalten«, unterwarf sich den Regeln von tatsächlichen oder phantasierten Autoritätspersonen auch im Rahmen der Studienzeit. Durch die Krankheit konnte sie regressive Tendenzen »ungestraft« ausleben, konnte sich dem Druck des Referendariates entziehen, konnte der Für-

sorge des Ehemannes sicher sein. Andererseits war die Symptomatik der Diarrhoe bis zum Einkoten ein archaisches Mittel, ihren unterdrückten analen Aggressionen Ausdruck zu verleihen und auf familiäre Spannungen zu reagieren. Das Verhältnis zu den Eltern, insbesondere zur chronisch psychisch kranken Mutter, ist nach wie vor konflikthaft und unbearbeitet. Symbiotisch-fusionäre Wünsche an eine mütterliche Person konnte die Patientin sich zumindest teilweise in den letzten Jahren bei einer Heilerin erfüllen, so dass es zu einer Stabilisierung des Krankheitsverlaufes kam.

**5. Stufe: Zielerweiterung**

Die Patientin ist sehr intelligent, zeigt eine gute Motivation für den therapeutischen Prozess, kommt aus eigenem Antrieb pünktlich und zuverlässig zum Erstinterview. **Sie erhofft sich von der Positiven Psychotherapie mehr oder weniger deutlich eine Heilung oder zumindest Besserung der chronischen Darmerkrankung, mit der sie nun schon so lange Jahre lebt.**

## Positiver Umgang mit Asthma

*Wenn einem die Luft wegbleibt,*
*da bleibt einem die Luft weg.*

*Sprachbilder*
*atemberaubend*
*dicke Luft*
*Jemandem etwas husten*
*Seinem Ärger Luft machen*
*In die Luft gehen*

Jedes Hindernis des Atmens beeinträchtigt die Gesundheit, weil nicht genug von dem mit Recht Lebensluft genannten Teil der atmosphärischen Luft in die Lunge und das Blut gelangen kann. Zu feste Kleidung, welche die Ausdehnung der Brusthöhle behindert, zu vieles

Tanzen, Laufen, schnelles Ersteigen der Berge, zu schnelles Reden und Lautlesen bringen sehr großen Nachteil, weil man nicht tief einatmen, das heißt, nicht alle Lungenbläschen mit Luft erfüllen kann, oder weil man zu schnell atmen muss, wobei die Luft gewiss nur unvollkommen entmischt wird.

**Beschwerden und Motive**

Die Sprachbilder illustrieren den direkten Einfluss von Affekten auf die Atmung. Auch beim Gesunden kann Schreck zur Apnoe führen, Angstgefühl wird leibhaft als Dyspnoe erlebt, Bedrücktheit äußert sich in typischer Seufzeratmung. Hyperventilationstetanische Anfälle werden trotz ihrer relativen Harmlosigkeit mit einem Gefühl äußerster vitaler Bedrohung empfunden. Schließlich sei auch auf den psychogenen Husten hingewiesen. Dieser tritt meist am Morgen auf und ist nicht selten mit einer anfallsmäßigen Prozedur verbunden, bei der nur wenig Schleim expektoriert wird.

Das Asthma bronchiale lässt sich nicht allein als Reaktion auf seelische Faktoren verstehen. Wahrscheinlicher ist die Annahme eines primär hyperreagiblen Bronchialsystems, das durch allergische oder infektiöse Einflüsse zur obstruktiven Symptomatik provoziert wird. Psychische Faktoren haben allerdings eine Bedeutung bei der Auslösung einzelner Anfälle und bei der Aufrechterhaltung der Krankheit (sekundärer Krankheitsgewinn).

Aus psychoanalytischer Sicht ist der Kernkonflikt des Asthmatikers seine nicht gelöste Mutterbindung.

Die Behinderung der Atmung (lat. *anima*, synonym auch Leben bedeutend) geht meist mit Todesangst einher. Auf die Umgebung wirkt Atemnot als dramatisches Geschehen, das zur sofortigen Hilfe zwingt.

Am Beispiel der Atmung, auf die wir, im Gegensatz zu anderen vegetativ gesteuerten Körperfunktionen, direkten willentlichen Einfluss nehmen können, lässt sich die – dem Betroffenen meist unbewusste – Motivation für die Entwicklung von Krankheitssymptomen und deren verborgene Sinnhaftigkeit verdeutlichen. Ohne dass wir irgendein psychotheoretisches Konstrukt benötigen, können wir die Wirkung, die Konsequenz, das Ergebnis der Atemnot unmittelbar ablesen: der sichtbare Ausdruck von Angst, die Herstellung hilfespendenden Kontaktes, der Erhalt von Zuwendung und Aufmerksamkeit. In der psychotherapeutischen Arbeit, die nie als Konkurrenz, sondern vielmehr als Ergänzung der notwendigen Somatotherapie aufgefasst werden sollte, erweist sich die Hypothese, dass die inneren und äußeren Folgen der Symptomatik unbewusst (neurotisch) intendiert sind, als überaus fruchtbar.

Das Schlüsselproblem bei fast allen psychosomatischen Erkrankungen ist der Konflikt zwischen der anerzogenen Höflichkeit (Rücksichtnahme, Beherrschung von Aggressionen und Antrieben) und der Ehrlichkeit bzw. Offenheit, die erforderlich wäre, um eigene Bedürfnisse zu vertreten. Asthmatiker sind eher höflich als ehrlich. Sie reißen sich zusammen und unterdrücken ihren Ärger, der sich dann im Hustenanfall Platz machen muss. Im geschützten Rahmen der therapeutischen Beziehung kann der Patient wagen, weniger höflich und offener zu sein. Allmählich kann er den neuen Interaktions- und Kommunikationsstil auch in seinen anderen Beziehungen erproben.

## Das fünfstufige Vorgehen in einem Fallbeispiel zum Asthma

### »Seinem Ärger Luft machen«

#### 1. Stufe: Beobachtung/Distanzierung

Die 55-jährige Patientin kommt über Vermittlung der Institutsambulanz in meine Praxis. Sie klagt über Ängste beim Verlassen des Hauses, insbesondere, wenn sie alleine Seminare besuchen wolle – »Mein Problem ist, dass ich nicht weggehen kann«. Nach kurzer Zeit dort würde sie sich extrem unwohl fühlen, ziehe sich zurück auf ihr Zimmer, leide unter gro-

ßer Angst und Anspannung. Sie habe dann auch ein Gefühl der Beklemmung und Luftnot – »da bleibt mir die Luft weg«. Zusätzlich komme es auch häufiger zu Durchfall und Bauchschmerzen. Begonnen haben die Symptome während einer vorübergehenden Trennung vom Ehemann vor fünf Jahren. Da sie sich von ihm abhängig und gleichzeitig unverstanden gefühlt habe, sei sie aus dem gemeinsamen Haus ausgezogen. Bereits nach einem Jahr sei sie aber zum Ehemann zurückgekehrt, weil sie unter dem Alleinleben zu stark gelitten habe. Nach wie vor sei die Beziehung spannungsreich. Der Ehemann habe zwar Verständnis für ihre Symptomatik, aber wenn ein entsprechender angstbesetzter Termin anstehe, wünsche sie sich vom Ehemann, dass er sich besser einfühlen könne – aber woher soll er wissen, dass »ich wie eine Einjährige fühle«. Von Beruf ist die Patientin Architektin, ihr Aufgabengebiet umfasst die Erstellung von Gutachten, sie sei beruflich relativ viel unterwegs – das könne sie aber trotz der Ängste leisten. Sie würde sich gerne weiterbilden, fühle sich durch ihre Ängste dabei aber »wie behindert«.
Äußerlich ist die Patientin gepflegt, dabei aber auffällig grell und bunt gekleidet mit tiefem Dekolleté trotz kalter Jahreszeit. In der Gegenübertragung wirkt die Patientin offen, aber kritisch, zunächst wenig warm und schwingungsfähig, ängstlich darauf bedacht, nicht beeinträchtigt zu werden. Sie löst in mir ambivalente Gefühle aus, einerseits möchte ich sie beschützen, andererseits hält sie mich auf Abstand mit Kritik und Ansprüchen. Bevorzugte Abwehrmechanismen sind Projektion, Spaltung mit gleichzeitiger Idealisierung und Entwertung der Personen, Externalisierung der Selbstverlustangst auf soziale Situationen.

**Positive Deutung** der Symptome: Angst als Ausdruck, innere Unruhe abzubilden, innere Beklemmung Gestalt werden zu lassen. Regressive Wünsche als Fähigkeit, andere für sich sorgen zu lassen.

**2. Stufe: Inventarisierung**

**Symptomatik im Bereich Körper/Sinne**

– Häufig Durchfall und Bauchschmerzen, v. a. Nahrungsunverträglichkeit

- Angstanfälle mit Beklemmung und Luftnot
- Bandscheibenvorfall vor sechs Jahren, auch aktuell immer wiederkehrend Kreuzschmerzen
- Rez. Tinnitus

**Symptomatik im Bereich Leistung**
- Hoher Leistungsanspruch an sich selbst, Perfektionismus
- Kritische Haltung gegenüber Arbeitsauftrag als Architektin, dadurch Motivationskrise
- Wunsch, sich immer weiter fortzubilden
- Angst vor geistigem Abbau, »Gehirnerweichung«, Gehirn als Kontrollorgan setzt aus

**Symptomatik im Bereich Kontakt/Kommunikation**
- Schon länger anhaltende Ehekrise, ambivalente Gefühle mit innerer Abhängigkeit und gleichzeitigem Unverstandenfühlen
- Innerer Rückzug von der Herkunftsfamilie, distanziertes Verhältnis zu den Eltern

**Symptomatik im Bereich Phantasie/Zukunft**
- Angst und innere Anspannung, Todesangst
- Wunsch nach beruflicher Weiterentwicklung, der aber durch die phobische Symptomatik behindert ist
- Wunsch nach mehr Freiraum zum künstlerischen Gestalten (Malen)

**Life-Events der vergangenen fünf Jahre**
- Ehekonflikt, vorübergehende Trennung auf Initiative der Patientin
- In diesem Zusammenhang kurzfristige außereheliche Beziehung
- Auszug der Tochter zum Studienbeginn vor einem Jahr

### Lebensgeschichte

Die Patientin stammt aus einer großen Familie mit sieben Geschwistern. Geboren sei sie im Rheinland, später sei die Familie in die Pfalz gezogen. Der Vater sei Pfarrer gewesen, habe aber zuvor den Beruf eines Diplom-Ingenieurs ausgeübt. Sie sei in der Mitte der Geschwisterreihe. Mit knapp einem Jahr sei sie laut Erzählungen der Mutter bei der Geburt des nachfolgenden Bruders weggegeben worden, habe sich sehr verlassen gefühlt und eine furchtbare Wut entwickelt, »wie ein kleines Kind so wütend sein kann«. Die Mutter wird als fleißig-umsorgend, aber wenig gefühlvoll und warmherzig annehmend beschrieben – auf Bildern seien alle immer »wie aus dem Ei gepellt« gewesen, viel Nähe zu ihr sei aber nicht möglich gewesen, bei Problemen sei sie auch später nie zu ihr gegangen. Im jüngeren Erwachsenenalter sei sie immer wütend auf die Mutter gewesen und habe nicht gewusst, warum. Den Vater habe sie einerseits sehr bewundert und »ihn sehr gemocht«, er sei ein »gewaltiger Mensch, der große Menschenmassen beeindrucken kann«, andererseits habe und hatte sie oft eine große Wut auf ihn. Insbesondere im Konflikt mit seinem eigenen Vater sei er ihr oft feige vorgekommen. Dieser sei wohl Atheist gewesen und habe den Vater der Patientin in seinem Pfarrerdasein häufig lächerlich gemacht. Der Vater habe sich aber nie richtig dagegen wehren und durchsetzen können, was sie noch heute verachten würde. Auf der anderen Seite war der Vater sehr reiselustig und habe mit der großen Familie viel unternommen, Interesse für Kultur und Künste geweckt, »nur im Urlaub habe ich ihn richtig erlebt«. Das Gottesbild, das er ihr vermittelt habe, sei allerdings ein negatives gewesen, ein verurteilender Gott, der sehr große Angst einflößt, Furcht vor Teufeln und Dämonen hätten eine große Rolle gespielt, »Dieser Gott bringt dich irgendwann um«. Mit sieben Jahren sei eine jüngere Schwester an einem Krupp-Husten verstorben, was bei ihr große Angst hinterlassen hätte. Vor neun Jahren sei ihr jüngster Bruder mit dreißig Jahren tot aufgefunden worden, bei Alkohol- und Heroinabhängigkeit sei er wohl am eigenen Erbrochenen erstickt. »Bei uns ersticken alle, bekommen alle keine Luft«. Alle Geschwister seien begabte Menschen mit eher künstlerischen Interessen, hätten es aber alle nicht geschafft, »ihre Begabung so umzusetzen, dass sie gut hätten davon leben können«. Jedem der Geschwister sei eine Art Talent zugeordnet gewesen, das Malen beispielsweise sei die Domäne einer älteren Schwester gewesen, der Patientin selber sei die Rolle der Nonne zugeordnet gewesen. Mit dreizehn Jahren habe sie Angst davor gehabt, »der liebe Gott hätte mich als Nonne auf die Welt geschickt«. In der Schule sei sie »grausam schlecht« gewesen, nach dem Tod der Schwester habe sie »nichts gewusst und nichts gekonnt«, sie habe nur einen Hauptschulabschluss geschafft. Es sei ihr in der Kindheit sehr schwer gefallen, richtige Freundschaften zu knüpfen, die Familie sei als »Kinder von Predigern« oft angefeindet worden. Zunächst habe sie eine Ausbildung als Krankenschwester absolviert, mit zwanzig Jahren ihren späteren Ehemann kennen gelernt und sei mit ihm ins Rhein-Main-Gebiet gezogen. Er habe ihr ermöglicht, über den zweiten Bildungsweg das Abitur nachzuholen. Sie habe dann nicht Medizin (»weil mich immer der Tod gequält hat«), sondern etwas Künstlerisches machen wollen und sei so auf die Architektur gekommen. Mit achtundzwanzig Jahren habe sie dann eine Tochter geboren. Mit der Mutterrolle habe sie sich nicht so recht identifizieren können »Solange ich Mutter war, hatte ich nie gewusst, was das ist.« Sie habe sich dabei immer halbfertig gefunden. Weil sie nicht gewusst habe, wie sie ihre Liebe aufteilen solle, habe sie kein zweites Kind geboren. Das Verhältnis zur mittlerweile 27-jährigen Tochter sei gut. Mit dem Ehemann »habe sie viel gemeinsam durchgemacht«, er sei ein »normaler Mensch«, sie habe dagegen einen großen Freiheitsdrang in der Ehe. Vor zehn Jahren, nach einem Bandscheibenvorfall, habe es große Konflikte gegeben. Sie habe »mit dem Mann damals nicht umgehen können«, habe große Ängste vor ihm entwickelt, weil er in der Wut einmal eine Tür eingeschlagen habe. Sie habe Trost und Halt in einer außerehelichen Beziehung gesucht. Vor zwei Jahren habe sie es nicht mehr ausgehalten und sich eine eigene Wohnung gesucht. Das Alleinsein habe manches geklärt, aber bereits »nach einem halben Jahr bin ich wieder die Geliebte meines Mannes geworden«, und sie sei dann nach einem Jahr zu ihm zurückgekehrt. Sie lege aber Wert auf getrennte Schlafzimmer, sie finde es angenehm, »sich im Bett zu verabreden«. Schwächen bei ihrem Ehemann könne sie schlecht ertragen, sie verachte ihn, wenn er unsicher sei.

**3. Stufe: Situative Ermutigung**

Krise als Chance nutzen. Aktivierung von eigenem Selbsthilfepotenzial, die Patientin verfügt über eine reichhaltige Phantasie, malt regelmäßig. Sie hat auch eine Ausstrahlung auf ihre Mitmenschen, kann sie beeindrucken und sich Respekt verschaffen. Mit der Patientin wurde erarbeitet, wie sich die Symptomatik in den vier Bereichen auswirkt. Das Verhältnis zum Ehemann hat auch positive Aspekte, er ist versorgend, kocht gerne für sie, lässt ihr aber auch Freiraum für Berufstätigkeit und Pflege von Freundschaften.

**4. Stufe: Verbalisierung**

Durch die große Anzahl der Geschwister und die Hausarbeit scheint die Mutter von Anfang an wenig Zeit und Empathie für die Patientin gehabt zu haben. Eine geschilderte Episode in der frühen Kindheit mit Wut und Trennungsangst bei Geburt eines weiteren Geschwisters scheint dies zu unterstreichen. Es ist zu vermuten, dass die Patientin nicht in ausreichendem Maß spiegelnde Selbstobjekterfahrungen machen konnte. Sie musste diese Bedürfnisse und die mit der narzisstischen Frustration verbundene Wut abspalten. Bis heute ist es der Patientin nicht gelungen, ihre aggressiven Anteile zu integrieren und nicht gegen das Selbst und die anderen zu richten. Ihre Schwierigkeiten bei der eigenen Kindererziehung und ihre brüchige Identifikation mit der Mutterrolle illustrieren dies. Der Vater scheint als Person konstanter zur Verfügung gestanden zu haben, eine Zeit lang konnte sie ihn in der KIndheit als Prediger des wahren Glaubens idealisieren, jedoch errichtete die religiöse Erziehung mit aufopferungsvoll-ethischen Werten eine strenge Haltung, die bei der Patientin zur Selbstabwertung und zur Selbstbestrafungstendenz führte. Ihre autonom-aggressiven Strebungen gegenüber dem Vater musste sie abwehren. Dies führte zu einer Selbstverlustangst mit Abhängigkeiten und zur Verschiebung der Angst auf soziale Situationen. Ein vergleichbar ambivalentes Abhängigkeitsverhältnis scheint sie zum Ehemann entwickelt zu haben. Einerseits fühlte sie Ängste in seiner Nähe, andererseits ist sie abhängig von ihm – und der Ehemann bietet ihr Sicherheit.

**5. Stufe: Zielerweiterung**

Die Patientin ist motiviert und sieht sich in der Lage, die Gefahren des Lebens sachlicher zu betrachten. Sie will ihre Chancen wahrnehmen, die ihre Krankheit ihr aufgebürdet hatte. Sie ist nun fähig, sich mit anderen

Bereichen des Lebens zu beschäftigen. Viele ihrer Ansätze zur Selbstgestaltung konnten gefördert werden.

## Positiver Umgang mit Herz- und Kreislaufbeschwerden, um die Folgen von Herzinfarkt, Schlaganfall und Alzheimer zu mildern

*Was haben Sie auf dem Herzen?*

*Sprachbilder*
*Schwach werden*
*Sich ein Herz fassen*
*Down sein*
*Etwas auf dem Herzen haben*
*Da bleibt einem das Herz stehen*
*Das Herz ist ihm in die Hose gefallen*

*Das Herz ist das erste, das im Menschen schlägt,*
*und ist auch das letzte, das in ihm sich regt.*

*Aus einem kranken Herzen kommen keine gesunden Gedanken.*

*Das Herz denkt oft ganz anders, als der Mund redet.*

*Wenn das Herz weint, sind die Tränen echt.*

### Beschwerden und Motive

Auch bei den funktionellen Herzbeschwerden fällt die extreme Angst auf, mit der die Patienten auf ihre Herzsensationen reagieren, selbst dann, wenn der Arzt ihnen die Harmlosigkeit ihrer Beschwerden versichert hat. Inhaltlich stehen Trennungsthemen im Vordergrund (Alter, Tod, Scheidung. Typisch für hypotone Kreislaufstörungen ist ein Missverhältnis von Wollen und Können. Die unter Leistungsdruck stehenden Patienten leiden unter Furcht vor Misserfolg. In der

hypotonen, schlaffen Haltung des Nicht-Könnens offenbart sich die (unbewusste) Absicht, Überforderungen durch Ohnmacht zu entgehen.
Während bei der arteriellen Hypertonie der Einsatz von blutdrucksenkenden Medikamenten oft unvermeidlich ist, sollten bei funktionellen Herz-Kreislauf-Beschwerden Sedativa, Sympathomimetika und Mutterkornalkaloide äußerst zurückhaltend verordnet werden, weil unerwünschte Nebenwirkungen möglicherweise gravierender sind als das zu behandelnde Krankheitsbild.
Außerdem entbinden diese Medikamente den Patienten von der körperlichen Ertüchtigung, die neben der kreislaufstabilisierenden Wirkung auch allgemein günstige Wirkungen auf die Psyche und das Vegetativum entfaltet. Schließlich können sie nicht die Vertrauensbeziehung zum Arzt (am besten zum Hausarzt) ersetzen, in der der Patient Zugang zu seinen verleugneten Ängsten und psychosozialen Konflikten finden kann.

## Das fünfstufige Vorgehen in einem Fallbeispiel zu Herz- Kreislaufbeschwerden

### »Ich habe meine ganze Kraft verloren«

#### 1. Stufe: Beobachtung/Distanzierung

Die 61-jährige Patientin kommt auf Empfehlung einer anderen Patientin zu mir in die Praxis. »Ich bin seit einem halbem Jahr in einem Loch«, sie sei antriebslos und oft verstimmt, »ich habe meine ganze Kraft verloren«, sei oft erschöpft und habe zeitweise stark an Gewicht verloren. Auslösend sei die Trennung ihres Lebensgefährten von ihr nach einer Südafrika-Reise Ende 2006 gewesen, sie vermisse den Ex-Partner sehr, das Leben ohne ihn komme ihr oft sinnlos vor. Ihre Kinder seien dabei, nun alle das Haus zu verlassen, sie habe das »Gefühl, allein auf der Welt zu sein«. Vom Ehemann lebt sie seit sieben Jahren getrennt, eine

zunächst angestrebte Scheidung habe sie auf Druck des Mannes zurückgezogen. Ausschlaggebend waren dafür finanzielle Gründe. Sie lebte bisher zusammen mit ihren Kindern im ehemals gemeinsamen Haus, das vom Ehemann nach wie vor finanziert werde. Ihren Ex-Lebensgefährten kennt sie seit zehn Jahren, sie hätten keine gemeinsame Wohnung gehabt, sich aber regelmäßig gesehen. Er wäre gerne mit ihr zusammengezogen, die Patientin wollte aber ihr eigenes häusliches Umfeld behalten. Sie beschreibt ihn als Einzelgänger mit einer gewissen Profilierungssucht, und sie wollte sich seiner Dominanz nicht vollkommen unterwerfen. Nach Streitigkeiten auf der gemeinsamen Reise Ende 2006 habe er eine neue Partnerin kennen gelernt, was sie nicht toleriert habe. Nach der Trennung sei er dann sofort bei dieser Frau eingezogen, habe mit ihr auch gleich einen Urlaub verbracht. Die letzten Kontakte mit ihm per Telefon oder per SMS hätten sie sehr verletzt, da er hämisch seine neue Beziehung präsentiert habe, nun sei der Kontakt völlig abgebrochen.
Belastet habe sie aber zusätzlich der Tod ihres 93-jährigen Vaters im Frühjahr 2004, die Begleitung in der letzten Lebensphase und die Formalitäten nach seinem Tod hätten sie viel Energie gekostet. Zudem sei sie während ihrer Südafrika-Reise auch an einer schweren Zytomegalie-Virusinfektion erkrankt, die zu einer starken Körperschwächung mit Gewichtsverlust geführt hatte. Sie habe sich davon allerdings in den letzten Monaten wieder gut erholt.
Die Patientin ist von Beruf Ärztin und als Praxisvertreterin in verschiedenen Allgemeinpraxen sowie zwei Tage pro Woche für eine medizinische Gutachterfirma tätig.

**Positive Deutung** der Symptome: Ausbruch einer Immunschwäche-Krankheit als Zusammenbruch der (Infekt-)Abwehr und Fähigkeit zum Herauslassen verdrängter Gefühle und zur Regression, postinfektiöse Erschöpfungsphase mit Entkräftung als Möglichkeit, innezuhalten und neue Energie zu gewinnen. Gewichtsverlust als Fähigkeit, der inneren Spannung durch Schmalerwerden Ausdruck zu verleihen.

**2. Stufe: Inventarisierung**

**Symptomatik im Bereich Körper/Sinne**

- Depressive Antriebslosigkeit und Kraftverlust
- Gewichtsabnahme

**Symptomatik im Bereich Leistung**

- Freud- und Lustlosigkeit bei der Arbeit

**Symptomatik im Bereich Kontakt/Kommunikation**

- schwierige Ablösung von der vergangenen Beziehung, immer noch im Trauerprozess
- Gefühl von Vereinsamung, da auch ihre erwachsenen Kinder aus dem Haus ziehen
- Trennung vom Ex-Mann scheint noch nicht genügend aufgearbeitet

**Symptomatik im Bereich Phantasie/Zukunft**

- inneres Leeregefühl, fehlende Lebensperspektive
- Zukunftsangst
- Gefühl, allein und verloren auf der Welt zu sein

**Life-Events der vergangenen fünf Jahre**

- Trennung vom Lebensgefährten vor ca. sechs Monaten
- Tod des Vaters vor fünfzehn Monaten

**Lebensgeschichte**

Die Eltern der Patientin stammen aus Stettin (Polen), sie seien 1945 bei Kriegsende in letzter Sekunde geflohen, sie sei »auf der Flucht in Würzburg« zur Welt gekommen. Den Vater habe sie erst mit fünf Jahren kennen gelernt, er sei deutscher Beamter gewesen, mit der Auflösung von Wohnungen jüdischer Polen und Weitergabe an Deutsche betraut gewesen. Zwischen den Eltern habe es zu ihrer Kindheitszeit »nur Krach gegeben«, der Vater kannte eine Kriegerwitwe und wollte sich scheiden lassen, die Mutter war sehr eifersüchtig. Die Familie wohnte zunächst nach Kriegsende in Sachsen, sie fand Zuflucht bei einer Patentante, mit der die Patientin ein herzliches Verhältnis hatte, sie »hat mich wie ihr eigenes Kind behandelt«. Anfang der fünfziger Jahre zog die Familie nach Südhessen, der Verlust der Patentante wurde von der Patientin sehr schmerzlich erlebt, »alles was ich kannte, war weg«. Der Vater sei sehr streng gewesen, teilweise auch gewalttätig, er habe die Schwester oft geprügelt wegen schlechter Noten, sie selber sei bei guten Schulleistungen meist verschont geblieben. Sie könne sich auch an ein Ereignis erinnern, wobei der Vater die Tür zum Schlafzimmer der Mutter aufgebrochen hatte. Sie habe große Angst gehabt, dass er die Mutter umbringt, wahrscheinlich sei es zu einer Vergewaltigung gekommen. Ihre Schwester bezeichnet den Vater als Sadist und Zyniker, er neigte dazu, die Angehörigen zu entwerten, die Patientin wurde aufgrund ihrer Intelligenz oft als Blaustrumpf bezeichnet. Sie sei oft in die Kirche gegangen als Zufluchtsort, dies habe der Vater auch abgelehnt. Ihren älteren Bruder habe sie sehr verehrt, er sei ihr Vorbild gewesen, sie habe ihm alles geglaubt. Er sei ähnlich wie der Vater Jurist geworden. Das Thema Krieg war in ihrer Kindheit tabu, im jungen Erwachsenenalter habe es mit ihrem Vater aber viel Streit gegeben. Sie studierte in Hamburg Medizin, nach dem Examen wollte sie heiraten, dies lehnte der Vater zunächst ab, da ihr Ehemann zu jung sei und sein Betriebswirtschaftsstudium noch nicht vollendet habe. »Wutgeballt und gleichzeitig ängstlich erfüllt« habe sie ihren Willen durchgesetzt. Später stellte sie fest, dass sie wenige gemeinsame Interessen mit dem Mann habe, damals erlebte sie seine fehlende Beteiligung an ihrem Leben aber als positiv, »er lässt mir meine Freiheit«. Nach fünf Jahren kam das erste Kind, während der Schwangerschaft habe sie unter einem heftigen Reizdarmsyndrom gelitten. Sie habe das »Gefühl gehabt, eine Bombe im Bauch zu haben«. Diese psychosomatische Symptomatik habe sich nach einer folgenden Fehlgeburt völlig aufgelöst, als ob ein »Kind sich für mich opfern musste«. Sie habe noch drei weitere Kinder mit dann unkomplizierten Schwangerschaften geboren. Ihr jüngster Sohn sei behindert, die linke Hand fehle von Geburt an, und vor sechs Jahren habe er durch einen Unfall ein Auge verloren, was sie sehr belastet habe.

### 3. Stufe: Situative Ermutigung

Die Patientin ist eine gepflegte und intelligente Person, die ihr Leben mit verantwortungsvollem Beruf und vier Kindern immer gut bewältigt hat. Auch die Trennung vom Ex-Mann hat sie nicht depressiv verarbeitet, sondern auch als Lebenschance angesehen. Sie ist in der Lage, Kontakte zu knüpfen und sich Ressourcen zu suchen. 2005/06 in akuter Belastungssituation nach Unfall des jüngsten Sohnes habe ihr eine ambulante Psychotherapie (Verhaltenstherapie) gut geholfen. Sie konnte bisher ihre Eigenständigkeit auch in Beziehung und Partnerschaft bewahren und hatte durchaus die Fähigkeit, gut für sich zu sorgen, war zu Entspannung und Genuss durchaus fähig.

**4. Stufe: Verbalisierung**

Die Aktualfähigkeit Gehorsam ist bei der Patientin stark ambivalent besetzt: Zum Teil ist sie bereit, sich unterzuordnen, andererseits ist ihr Selbstbestimmung sehr wichtig, und teilweise setzt sie sich auch über Gesetze und Regeln (der Eltern) hinweg. Die Patientin überbetont auch die Aktualfähigkeiten Treue (zum Ex-Partner), Höflichkeit, Kontakt, hat die Fähigkeit zur Hoffnung überwiegend verloren. Sie erlitt im letzten Jahr einen doppelten Verlust mit dem Tod des Vaters und der Trennung vom Lebensgefährten, ohne dass ihr jeweils eine Klärung und damit Lösung des Konfliktes mit der ambivalent erlebten männlichen Bezugsperson möglich war. Insbesondere die verdrängte, nicht bearbeitete Trauer über den Tod des Vaters und der unaufgelöste Abhängigkeits-Autonomie-Konflikt haben zu einer Ich-Schwächung und einem Einbruch der Selbstwertregulierung geführt. Es gelang der Patientin nie, sich vom Vater zu lösen, die fehlende Ablösung lebt sie nun in der Trennung vom Lebensgefährten nach. Dieser wird ähnlich wie der Vater als streng, eingrenzend und fordernd erlebt, ist auf der anderen Seite ein erotisch begehrter, idealisierter ödipaler Partner, um dessen Gunst geworben werden muss, der sie wegen einer anderen Frau verlässt. In der jetzigen Situation, in der sie keinen Kontakt mehr zu ihm hat, ist sie zwar autonom, aber emotional unausgefüllt, fühlt sich innerlich leer. Die Mutter scheint im emotionalen Erleben eher eine untergeordnete Rolle zu spielen. Sie wird in der passiven Opferrolle erlebt, stand in der Kindheit wohl nicht ausreichend als Halt gebender Mensch zur Verfügung.

**5. Stufe: Zielerweiterung**
Die Patientin kommt motiviert und krankheitseinsichtig in die therapeutischen Stunden, ist verlässlich und erscheint pünktlich zu den vereinbarten Sitzungen. Sie möchte ihr Leben ändern, will Einsicht gewinnen in die Zusammenhänge, die mitursächlich ihre Depression begründet haben. Sie will mit Hilfe einer therapeutischen Beziehung und menschlicher Zuwendung wieder Kraft gewinnen. Dadurch soll eine Stabilisierung und Stärkung des Selbst und damit eine größere Selbstständigkeit im Alltag erreicht werden. Sie soll die korrigierende Beziehungserfahrung machen, dass ein Mensch nicht zwangsläufig dominierend, manipulierend und fordernd ist.
**Ein veränderter Zugang zu ihren inneren Konflikten soll der Patientin die Entwicklung neuer Lebensperspektiven nach der Trennung vom Lebensgefährten und dem Wegzug der Kinder ermöglichen.**

## Positiver Umgang mit Schlafstörungen

*Der Traum ist der Hüter des Schlafes.*

*Sprachbilder*
*Wie man sich bettet, so liegt man*
*Ein gutes Gewissen ist ein sanftes Ruhekissen*
*Träume sind Schäume*
*Mit jedem Einschlafen üben wir das Sterben*
*Schwelle zwischen hüben und drüben*
*Erwachen ist eine kleine Geburt*
*Nach getaner Arbeit ist gut ruhen*

Schlafstörungen sind eine der häufigsten Zivilisationskrankheiten; als Einschlaf- oder Durchschlafstörungen können sie den Lebensrhythmus und die Effizienz eines Menschen vor allem im Alter stark beeinträchtigen.

*Schlaflosigkeit*
*Ein Kranker, der an einer beharrlichen Schlaflosigkeit litt, sah sich genötigt, jede Nacht jemanden um sich zu haben, mit dem er nicht allein sprechen konnte, sondern der ihm auch in seinem gelähmten Zustande die nötige Hilfe leistete. So sollte ein junger Mann bei dem Kranken wachen. Statt aber zu wachen, verfiel derselbe in einen Schlaf, aus dem er nicht zu erwecken war. Der Kranke war in dieser Nacht von einem besondern Geist fröhlicher und zwar musikalischer Laune ergriffen, besann sich auf alle möglichen Kanzonen und Kanzonetten, die er sonst gesungen, und sang sie mit heller Stimme ab. Endlich, als er in das schlafende Antlitz seines Wächters schaute, kam ihm dasselbe, sowie die ganze Situation, gar zu drollig vor. Er rief seinen Wächter laut beim Namen und fragte, als dieser sich aus dem Schlafe rüttelte, ob ihn vielleicht das Singen in seiner Ruhe störe.*
*»Ach Gott!« erwiderte der junge wachsame Mann ganz naiv und trocken, indem er sich dehnte, »ach Gott, nicht im mindesten. Singen Sie doch in Gottes Namen, Herr ***Rat, ich habe einen festen, gesunden Schlaf!« Und damit schlief er wieder ein, indem der Kranke mit heller Kehle anstimmte: »Sul margine d'un rio etc.«*

**»Kopfkissensyndrom«**
Nach dem Zweiten Weltkrieg beobachteten Psychologen, dass Kinder in einem Lager nicht durchschlafen konnten, obwohl sie genug gegessen hatten. Erst als man ihnen ein Stück Brot unter das Kopfkissen legte und sie damit sicher waren, dass sie auch morgen etwas zu essen haben würden, gab es keine Schlafprobleme mehr.
Etwa 33 Prozent unseres Lebens »verschlafen« wir. Jahrzehnte unseres Lebens gehen uns dadurch scheinbar »verloren«, und dennoch begrüßt keiner das Ausbleiben des Schlafs. Denn der Schlaf ist ein ständig wiederkehrender aktiver Erholungsprozess für Körper und Seele. Müdigkeit, Schlaf und Wachsein werden von Nervenzellen im Hirnstamm gesteuert, Zwischenhirn und Hirnanhangdrüse bestimmen dabei den Rhythmus.
Wer nicht in den natürlichen Schlafrhythmus findet, ist tagsüber ner-

vös, reizbar, unkonzentriert und fühlt sich übermüdet und zerschlagen. So kann jemand nach nur fünf bis sechs Stunden Schlaf ausgeruht sein, während ein anderer nach einem neun- bis zehnstündigen Schlaf wie gerädert aufsteht.
Betrachtet man die aktuelle Lebenssituation der Schlafgestörten, dann fällt auf, dass die Ursache für das Nichtschlafenkönnen immer in äußeren Faktoren gesucht wird. Aber warum schlafen trotz allem die meisten Menschen auch in der Großstadt? Es sind die eigenen, die inneren Feinde, die den Schlaf rauben.
Verstand und Leistung sind bei Schlafgestörten häufig stark betont. Pflichten werden überbewertet, unerledigte Handlungen und ungelöste Probleme führen zu gedanklichen Auseinandersetzungen, die im Bett fortgesetzt und intensiviert werden. Und schließlich wird der Schlaf selbst zur Leistung, dessen Dauer und Tiefe kontrolliert und ängstlich an irgendwelchen Normen gemessen wird.
Die Hinwendung zur Außenwelt ist häufig reduziert. Misstrauen und Empfindlichkeit belasten die zwischenmenschlichen Beziehungen. Nicht selten finden wir Probleme im partnerschaftlichen und beruflichen Bereich durch die Summierung vieler »Kleinigkeiten«.
**Fast alle Schlafgestörten haben Angst vor unerledigten Aufgaben, vor dem Verlust von Angehörigen und insbesondere vor dem Verlassenwerden.**

## Das fünfstufige Vorgehen in einem Fallbeispiel zu Schlafstörungen

### »Nach der Scheidung ging es mir ganz schlecht«

#### 1. Stufe: Beobachtung/Distanzierung

Die 68-jährige Patientin kommt in die allgemeinärztliche Sprechstunde, weil sie eine Kur beantragen möchte. Im Verlauf des Gesprächs berichtet sie über ihre Ehe und die Scheidung vor sechs Jahren, deren Folgen sie bis heute nicht richtig verarbeitet habe. Sie wird zum Erstinterview einbestellt, ein paar Tage später, abends nach der Sprechstunde ohne Termindruck. Etwas abgehetzt kommt sie zur Sitzung. Anfangs ist sie deswegen etwas verlegen, weil sie es fast nicht pünktlich geschafft hätte. Sie braucht einige Minuten, bis ihre Atemnot sich wieder gelegt hat.

Die Patientin berichtet ausführlich über ihre Lebensgeschichte, wobei sie den Schwerpunkt auf die Schilderung des Ehemannes, der ehelichen Zwistigkeiten und der Umstände der Scheidung legt.

»Nach der Scheidung ging es mir ganz schlecht, ich bin sehr depressiv gewesen. Helfen kann einem da ja keiner. Was ich gebraucht hätte und bräuchte, wäre ein Mensch, der so gut ist wie ein guter Partner. Die Einsamkeit macht mich krank. Ich brauche Gesellschaft, ich möchte etwas mit anderen gemeinsam machen. Das fängt schon morgens beim Kaffeetrinken an. Hier in … fühle ich mich fremd. Es fällt mir schwer, Kontakte zu knüpfen.« »Eigentlich war meine Ehe doch nicht so schlecht, wir hatten viele gemeinsame Aktivitäten und haben viel zusammen gesehen und erlebt.«

Um nicht so allein zu sein, entschloss sich die Patientin, ihre eigene Wohnung aufzugeben und in ein gemeinsames Haus mit ihrer Tochter und deren Ehemann zu ziehen. Wegen Geldangelegenheiten sei das Verhältnis aber getrübt, sie habe den Eindruck, vom Schwiegersohn ausgenützt und auch in finanzieller Hinsicht betrogen worden zu sein, da er sie zur Übertragung ihres Anteils am gemeinsamen Haus überredet habe. Zusätzlich fühle sie sie sich von der Tochter ausgegrenzt, als Babysitterin bei den Enkeln werde sie kaum gebraucht.

### Positive Deutung der Symptome

Depression als Fähigkeit, tief zu empfinden, zu trauern um die vergangene Ehe, auch positive Seiten der ehelichen Gemeinschaft sehen zu können. Beklemmung als körperliches Zeichen des äußeren und inneren Drucks. Beeinflussbarkeit durch andere als Fähigkeit mitzuschwingen und nicht stur eigene und egoistische Ziele zu verfolgen.

**2. Stufe: Inventarisierung**

**Symptomatik im Bereich Körper/Sinne**

- Schlafstörung
- Leistungsschwäche und Atemnot bei chronisch obstruktiver Atemwegserkrankung und Kardiomyopathie
- Infektneigung

**Symptomatik im Bereich Leistung**

- Rentnerin, aber unzufrieden mit dem beruflichen Lebensweg, subjektiv verkehrten Beruf gewählt.
- Langjährig als Volkshochschul-Dozentin tätig, sucht Aufgabe mit Menschen
- Gefühl der Unterforderung und Leere, vermisst das Gefühl, gebraucht zu werden, z. B. bei der Betreuung der Enkel
- Depressive Antriebslosigkeit, schafft die Hausarbeit nicht
- Wichtigkeit von Abschlüssen und Zertifikaten

**Symptomatik im Bereich Kontakt/Kommunikation**

- Vereinsamung und depressiver Rückzug, Wunsch nach einem bedeutsamen Du – Enttäuschung über die Tochter, die zu wenig auf sie eingehe
- fühlt sich in finanzieller Hinsicht vom Schwiegersohn betrogen, jedoch unausgesprochenes Zerwürfnis

**Symptomatik im Bereich Phantasie/Zukunft**

- Traurigkeit und Verstimmung, Grübelneigung
- Gefühl von Sinnlosigkeit und fehlender Lebensperspektive
- Bilanzierung: Habe sich im Leben zu sehr nach den Wünschen der anderen gerichtet, insbesondere denen der Eltern und des Ehemannes
- misstrauische Grundhaltung und Angst vor Verarmung

**Life-Events der vergangenen fünf (bis zehn) Jahre**

- Einzug in eine Haushälfte zusammen mit der Familie der Tochter vor zwei Jahren, fast gleichzeitig mit der Geburt eines zweiten Enkelkindes
- Mit Aufgabe der Wohnung Wechsel des sozialen Umfeldes, Umzug aus einem lebhaften Stadtteil mit vielen Einkaufsmöglichkeiten in einen eher ländlichen

- Finanzielle Unstimmigkeiten mit dem Schwiegersohn, fühlt sich von ihm betrogen – Scheidung vor sechs Jahren, seit acht Jahren vom Ehemann getrennt
- Krebserkrankung des Ehemannes vor neun Jahren

**Lebensgeschichte**

Aufgewachsen in ländlichem Milieu. Der Vater sei Lehrer gewesen, die Mutter Hausfrau mit Volkschulabschluss. Ihre Erziehung schildert die Patientin als behütet, konservativ, »Ich bin verkrampft aufgewachsen«, die Eltern seien jedoch herzlich gewesen und hätten Geborgenheit vermittelt. Sie habe mit »mittlerem Schulerfolg« die Realschule besucht, dort den Ehemann mit 17 Jahren kennen gelernt, er ging in die gleiche Klasse und war gleich alt. Er wurde von anderen wegen guter Zensuren bewundert und habe gut ausgesehen. Nach der Mittleren Reife absolvierte sie in einer größeren hessischen Stadt eine Frauenfachschule, was ihr sogar ein Studium zur Grund- und Hauptschullehrerin bzw. Gewerbelehrerin ermöglicht habe. Dies sei ihr Wunschberuf gewesen. Auf Drängen des Freundes sei sie ihm aber damals in eine süddeutsche Stadt nachgefolgt, wo er eine Dolmetscherausbildung machte, und absolvierte eine Ausbildung zur Auslandskorrespondentin. Geheiratet hätten sie erst im Alter von 27 Jahren, »Es wollte immer mal einer von uns abspringen«, beide hätten sie auch mal mit anderen geflirtet, »Eigentlich wollte ich wegbleiben von ihm, aber meine Eltern haben mir einen Strich durch die Rechnung gemacht«. In der Verlobungszeit sei sie für ein halbes Jahr eine andere Liebesbeziehung eingegangen, habe sich dann aber doch mehr oder weniger dem Wunsch der Eltern gefügt und ihren Verlobten geheiratet. Sie hielt mit ihrem Liebhaber weiter telefonischen Kontakt, zu einer Begegnung sei es aber nicht mehr gekommen. Er habe wohl ein Jahr nach ihrer Entscheidung gegen ihn ebenfalls geheiratet, diese Ehe sei wohl nicht glücklich gewesen. Kurz nachdem er eine zweite Ehe eingegangen sei, sei er im Alter von 50 Jahren plötzlich verstorben. Sie selber habe mit 31 und 32 Jahren zwei Töchter geboren (eineinhalb Jahre Abstand). Nach dem ersten Kind habe sie ihre Arbeit in einem Übersetzungsbüro aufgegeben, die sie sowieso nicht mochte, und sich dem Haushalt und den Kindern gewidmet, wobei sie sich aber unterfordert fühlte. Trotz einiger Schwierigkeiten und Streits sei die Ehe langjährig überwiegend harmonisch verlaufen. Die Sexualität mit dem Ehemann habe sie aber überwiegend als enttäuschend erlebt, er wäre zu schnell gewesen, »wollte auch dort der Beste sein«. Im Alter von 58 Jahren sei beim Ehemann Darmkrebs festgestellt worden, der auch Magen und Zwerchfell infiltriert habe. Die Operation sei erfolgreich verlaufen. Zunächst habe sich der Mann an die Patientin »gehängt wie ein kleines Kind«, »Ohne dich schaffe ich es nicht«. Ein dreiviertel Jahr später sei ihr dann seine euphorische Stimmungslage aufgefallen. Er habe mit zwei Frauen, die er bereits aus früheren Zeiten vor der Heirat kannte, wieder Kontakt aufgenommen und pflegte eine Zeit lang mit beiden eine erotische Beziehung. Die Patientin habe dies zunächst toleriert, der Ehemann habe keine Scheidung gewollt. Durch eine kleine Intrige ihrerseits hätten die beiden Geliebten voneinander erfahren, wobei er sich dann für die eine entschieden habe, »die ihn sich gekrallt habe«. Diese habe ihm verboten, mit der Patientin zu reden, und da er sehr von ihr dominiert gewesen sei, habe er das auch so durchgeführt. Nach drei Jahren sei es dann zur Scheidung gekommen, wobei der Kontakt zum Ehemann abbrach, dieser auch keinen Kontakt mit den erwachsenen Töchtern unterhält. Depressive Entwicklung nach der Scheidung, Vereinsamung, der Kontakt mit dem gemeinsamen Freundeskreis bröckelte ab. Während der Trennungsphase habe sie einen anderen Mann kennen gelernt, sich aber bald wieder zurückgezogen, da sie ihn als nicht rücksichtsvoll und egoistisch empfand. Er wollte sie auch um Geld angehen. »Als es mir schlecht ging, ich hatte eine harte Grippe, belastete er mich erst recht, machte viel Geschirr, was ich dann noch aufräumen musste.« Früher habe sie Kurse in einer Volkshochschule zum Thema Kochen und Ernährungswissenschaft gegeben, »Beruflich wollte ich immer gerne mit Menschen zu tun haben, wo ich was von mir geben kann.«. Wegen ihrer körperlichen Erkrankungen (chronisch obstruktive Bronchitis, hypertrophe obstruktive Kardiomyopathie) sei ihre körperliche Belastbarkeit dafür nun zu eingeschränkt.

**3. Stufe: Situative Ermutigung**

Die Patientin hat bisher sehr unter der Einsamkeit und dem Verlassenwerden gelitten, aber doch immer wieder einen Weg aus ihren Lebenskrisen gefunden, hatte die Fähigkeit, sich in ihrer Isolierung irgendwo Hilfe zu holen. Ihre Bezogenheit auf Menschen und ihre Freude im Umgang mit ihnen hat ihr in der Vergangenheit viel Kraft gegeben. Die Enttäuschung über die fehlende Zuwendung durch Tochter und Schwiegersohn kann auch als Chance aufgefasst werden, eine Fehlentscheidung wieder rückgängig zu machen. Es besteht die Möglichkeit, eine neue Wohnung im geliebten alten Stadtteil zu beziehen und ihren Anteil am Haus zu verkaufen. Ermutigung, dass sie im aktuellen Konflikt um den Wert des Hauses als Mitbesitzerin auch ein Mitspracherecht hat, überhaupt Ermunterung, zu den eigenen Gefühlen und Bedürfnissen zu stehen, »Warum sollen andere besser wissen als Sie selbst, was Sie brauchen?«

**4. Stufe: Verbalisierung**

Die Patientin hat die Umstände und den Anlass der Scheidung vom Ehemann sowie auch die langjährige partnerschaftliche Problematik mit ihm nicht richtig verarbeitet. Dies liegt vermutlich auch mit daran, dass er jeden Kontakt mit ihr und auch dem gemeinsamen Bindeglied, den Kindern, abgebrochen hat. Dadurch konnte sich die Patientin noch nicht innerlich lösen und die Trennung durcharbeiten sowie eventuell auch neue Lebensentwürfe entwickeln. In der Beurteilung ihrer Ehe ist sie ambivalent, einerseits sagt sie, »ihren Exmann würde sie nicht noch mal heiraten«, andererseits schildert sie die Ehe durchaus phasenweise als harmonisch mit vielen gemeinsamen Aktivitäten. Einen großen Stellenwert scheint der Einfluss der Eltern bzw. deren Normen zum Zeitpunkt der Eheschließung auf den Verlauf ihres Lebens zu haben (Über-Ich). Sie hatten sie ermahnt, nicht den Mann zu heiraten, der ihren eigentlichen Wünschen nach Partnerschaft entsprochen hatte, möglicherweise in der Erinnerung auch idealisiert wird, sondern ihren Verlobten, der als brav, mustergültig galt. Vermutlich traute sie sich damals nicht, zu ihren eigenen Gefühlen und Bedürfnissen zu stehen. Der Einfluss der jeweiligen Bezugspersonen scheint recht hoch zu sein, die Patientin fühlt sich in wichtigen Lebensentscheidungen (Berufswahl, Heirat, Umzug nach der Scheidung) zu ihren Ungunsten beeinflusst, bedauert Entwicklungen, scheint nicht in der Lage gewesen zu sein, Entscheidungen im eigenen Sinne zu treffen.

Aufgrund der strengen, zwar herzlichen, aber einengenden Erziehung durch die Eltern scheint die Patientin nicht gelernt zu haben, ein Selbstgefühl zu entwickeln, sie schildert ihr Leben immer in Bezug auf andere, die Aktualfähigkeit Kontakt ist überbetont. Auch jetzt ist die Patientin nicht in der Lage, ihre soziale Isolierung energisch anzugehen, für Aktivitäten wie den Besuch eines Altenclubs oder einen Kuraufenthalt fühlt sie sich zu depressiv.

**5. Stufe: Zielerweiterung**

**Ziel der Behandlung ist eine Stabilisierung des erschütterten Selbstbewusstseins der Patientin sowie ein Durcharbeiten der Lebensgeschichte, insbesondere der traumatisch erlebten Trennung. Die Patientin sollte ermutigt werden, im Rahmen ihrer Möglichkeiten (körperliche Erkrankungen) insbesondere soziale Aktivitäten zu entwickeln. Sie soll Unterstützung im aktuellen Konflikt mit dem Schwiegersohn erhalten und gegebenenfalls ermutigt werden, einen Umzug zurück in ihren geliebten Stadtteil trotz der Mühsal, die damit verbunden ist, auf sich zu nehmen.**

## Fragebogen zu Schlafstörungen im Alter

### Körper/Sinne – Beruf/Leistung – Kontakt – Phantasie/Zukunft

1. Haben Sie abends das Gefühl »Nach getaner Arbeit ist gut ruhn!«? Was halten Sie von dem Spruch »Ein gutes Gewissen ist ein sanftes Ruhekissen«? Fallen Ihnen noch andere Sprichwörter zu Ihren Beschwerden ein? Was sagen Ihnen diese Volksweisheiten?

2. Mussten Sie als Kind immer zu einer ganz bestimmten Zeit im Bett liegen, auch wenn Sie noch nicht müde waren? Wurden Sie zur Strafe ins Bett geschickt? Mussten Sie selbst bei kleinen Unpässlichkeiten »strikte Bettruhe« einhalten?
3. Nehmen Sie Aufputsch- oder Beruhigungsmittel als »Sonnenbrillen der Seele«, Drogen, Alkohol, Nikotin?
4. Geben Sie Ihrem persönlichen Schlafrhythmus (wenn möglich) nach?
5. Können Sie vor dem Einschlafen von der »linken« auf die »rechten Hirnhälfte umschalten, indem Sie an positive Ereignisse der letzten Zeit denken und sich daran freuen?
6. Haben Sie Angst, sich selbst zu verlieren, wenn Sie sich in den Schlaf fallen lassen?
7. Sind Ihre Schlafstörungen vorwiegend situativ, d.h. durch berufliche Überlastung oder zwischenmenschliche Konflikte bedingt?
8. Haben Sie am Tag mikrotraumatische Erfahrungen im Umgang mit Vorgesetzten, Kollegen, Mitarbeitern oder in der Familie gemacht, die gefühlsmäßig noch nicht »erledigt« sind (Tagesreste)?
9. Grübeln Sie nachts darüber nach, was Sie falsch machen, aus Angst, nicht perfekt zu sein?
10. Können Sie Ihre Kontakte erweitern, Gäste einladen, sich mit Freunden beraten, statt Ihre Probleme allein zu »bebrüten«?
11. Gab es in den letzten fünf Jahren Trennungserlebnisse durch Scheidung, Umzug, Tod?
12. Welchen Sinn, welche positiven Aspekte sehen Sie in Ihren Schlafstörungen?
13. Was ist für Sie der Sinn des Lebens (Antrieb, Ziele, Motivation, Lebensplan, Sinn von Krankheit und Tod, Leben nach dem Tod)?
14. Akzeptieren Sie Ihre Beschwerden auch als Chance, bisher nicht erlebte Bereiche (Körper/Sinne, Beruf/Leistung, Kontakt, Phantasie /Zukunft) zu entwickeln?

## Entspannung und Bewegung als Heilung

*Gedanken sind die Wirklichkeit eines Menschen.*

In der Positiven Psychotherapie findet eine abgewandelte Art des autosuggestiven Entspannungstrainings erfolgreiche Anwendung, in der die drei Stufen des Autogenen Trainings Ruhe, Schwere und Wärme zusammengeführt worden sind.

»Legen Sie sich ganz bequem auf die Couch. Lassen Sie Ihre Arme leicht angewinkelt neben Ihrem Körper liegen und halten Sie sie ganz ruhig. Entspannen Sie Ihre Füße, die Zehen liegen nach außen. Sie sind völlig entspannt und konzentrieren sich auf das, was ich Ihnen sage. Das gesprochene Wort entfaltet die Macht und die Kraft, sich zu verwirklichen. Ihre Arme und Beine werden ganz schwer (sechs Mal). Dieses Gefühl der Schwere wird immer intensiver. Es geht über auf Ihren ganzen Körper. Ihr Körper wird vom Kopf bis zu den Zehen bis in die feinsten Zellen der Haut immer besser durchblutet und mit Nährstoffen versorgt. Durch die bessere Durchblutung erholt sich Ihr ganzer Körper. Mehr und mehr lösen sich die Verkrampfungen im Körper. Jetzt ist Ihr Körper ruhig, schwer und wohlig warm. Diese Wärme durchflutet Ihr ganzes Wesen und ergreift von jeder Zelle Ihres Körpers Besitz.

Ruhe – Schwere – Wärme. Alle Anspannung, aller Druck verschwinden langsam, ganz langsam. Sie sind ruhig und entspannt. Sie achten auf dieses Gefühl der Entspannung. Sie versuchen zu erreichen, dass das Gefühl der Entspannung sich auf den ganzen Körper überträgt. Dann lenken Sie bitte Ihre Aufmerksamkeit auf den Satz: *Lerne zu unterscheiden zwischen Höflichkeit und Ehrlichkeit.* Sie denken an Ihre Höflichkeit und Ihre Ehrlichkeit. (Der Patient bleibt zehn Minuten in diesem entspannten Zustand.)

Sie hören jetzt wieder, was ich zu Ihnen spreche. Wir beginnen jetzt das Training zurückzunehmen. Ich zähle langsam bis sechs. Und dann sind Sie ganz frisch und ganz wach:

Bei 1 kommt wieder Kraft in Ihre Beine. Bitte bewegen Sie sie leicht.
Bei 2 fließt Ihre Kraft in die Arme. Bitte bewegen Sie sie leicht.
Bei 3 geht die Kraft in Ihre Arme und Beine.
Bei 4 heben Sie Ihren rechten Arm hoch, dann heben Sie Ihren linken Arm hoch.
Bei 5 atmen Sie tief ein und aus.
Bei 6 öffnen Sie Ihre Augen und sind frisch und wach.«

Für diejenigen, die sich nicht gut entspannen können, empfiehlt es sich, im Sinne des Autogenen Trainings nach Schultz (1970) mit der Ruheübung für Arme und Beine zu beginnen.
**Durch atemtherapeutische Maßnahmen kann das Entspannungstraining vorbereitet werden (sechsmal einatmen, die Luft anhalten und ausatmen). Einzelne Sätze sollten zur Unterstützung der suggestiven Wirkung betont langsam wiederholt werden. Für manche Menschen ist eine Untermalung durch Hintergrundmusik für die Entspannung förderlich. Ausgezeichnete Erfahrungen habe ich mit Audio-Kassetten bzw. Audio-CDs gemacht: Meine Patienten können dann zu Hause beim Entspannungstraining meine Stimme hören.**

## Intervalltraining nach Peseschkian

**1. Übung:** Beim Einatmen die Arme und Schultern seitlich hochheben. Dann ausatmen, dabei die Schultern und Arme etwa 20-mal fallen lassen. Bei Bedarf kann diese Übung nach jeder der folgenden Übungen drei- bis fünfmal eingefügt werden!

**2. Übung:** Lassen Sie die Arme erst nach vorne und dann nach hinten kreisen (20-mal). Bitte achten Sie auf einen festen Stand.

**3. Übung:** Gehen Sie in die Boxer-Stellung (Fäuste in Brusthöhe vor dem Körper), die Knie müssen dabei durchgedrückt bleiben. Dann drehen Sie den Oberkörper aus der Hüfte und boxen abwechselnd rechts und links etwa 20-mal in Schulterhöhe nach hinten. Bleiben Sie schwungvoll.

**4. Übung:** Sie beugen sich bei breitbeiniger Grundhaltung und durchgedrückten Knien nach vorn und berühren abwechselnd 20-mal mit der rechten Hand die linke und mit der linken Hand die rechte Fußspitze. Die gebeugte Stellung behalten Sie bei.

**5. Übung:** Wie Übung 4, Sie richten jedoch nach jeder Berührung der Fußspitze den Oberkörper auf, strecken die Arme nach oben, strecken und recken kräftig Ihren Oberkörper – 20-mal.

**6. Übung:** Strecken Sie Ihre Arme gerade nach vorn und zählen Sie dabei: (1) in die Hocke gehen, (2) aufrichten, (3) die Arme waagerecht zur Seite strecken, (4) die Arme wieder an den Körper anlegen – das ganze 20-mal.

**7. Übung:** Sie laufen in gestreckter Haltung auf der Stelle, indem Sie Ihre Beine und Füße leicht vor- und zurückbewegen. Ihre Arme bewegen Sie dabei abwechselnd nach vorn (oben) und wieder nach unten. Dabei berühren Sie mit der Handfläche die Oberschenkel. Diese Übung machen Sie mit schnellen Rhythmen.
Erläuterung zur 7. Übung: Sie machen diese Übung zweimal täglich, morgens und abends, mit 80 Schritten. Sie steigern die Schrittzahl jeden Tag um 10, bis Sie morgens 500 und abends 250 Laufschritte erreicht haben. Bei Bedarf können Sie morgens nach 250 Laufschritten eine einminütige Pause einlegen, dabei nach eigenem Wohlbefinden kräftig ein- und ausatmen und dann weiterlaufen.

**8. Übung:** Nach diesem Training soll eine aktive Erholungsphase erfolgen: Gehen Sie herum und schlenkern Sie dabei die Arme zwei bis drei Minuten leicht hin und her. Dabei atmen Sie die Luft durch den Mund hörbar aus. Dabei können Sie ruhige Musik hören.

## Eine Fabel und zwei persische Aphorismen auf den Weg

*Kaum hatte Gott die Welt erschaffen, kam der Mensch zu ihm und sprach: »Als Mensch hast du mich erschaffen; so sage mir nun, wie und wie lange ich leben soll, wovon ich mich ernähren und was ich arbeiten soll.« Und Gott sprach zu ihm: »Dreißig Jahre sollst du leben. Und nähren sollst du dich von allem, was deine Gesundheit nicht stört. Und deine Arbeit soll sein, alles zu beherrschen, was es auf Erden gibt.« Der Mensch aber sagte: »O Herr, ich danke dir für das gute Leben, das du mir schenkst, doch die Anzahl der Jahre ist mir zu wenig.« Und Gott sprach: »Geh hin und setze dich dort in die Ecke.«*
*Da kam der Ochse und fragte Gott: »Gott, du hast mich als Ochsen erschaffen. Sage mir auch, wie und wie lange ich leben soll, wovon ich mich ernähren und was ich arbeiten soll.« Gott sprach zu ihm: »Siehst du den Menschen dort in der Ecke sitzen? Er wird dein Herr sein. Deine Arbeit wird es sein, den Acker zu pflügen und den Karren zu ziehen. Gras und Stroh werden deine Nahrung sein, und dreißig Jahre sollst du leben!« Der Ochse sagte zu ihm: »Oh Gott, welch ein Ochsenleben! Nimm doch ein wenig von meinen Jahren.« Als das der Mensch in der Ecke vernahm, da gab er Gott ein Zeichen und flüsterte ihm zu: »O Herr, nimm doch von seinen Jahren und gib sie mir!« Da lachte Gott und sprach: »Nimm dir zwanzig Jahre von dem Ochsen!« Und er gab ihm zwanzig Jahre Ochsenleben.*
*Da kam der Hund und sagte: »Gott, Du hast mich als Hund erschaffen. Sage mir, wie und wie lange ich leben soll, wovon ich mich ernähren und was ich arbeiten soll.« Und Gott sprach zu ihm: »Siehst du den Menschen dort in der Ecke? Er wird dein Herr sein. Du wirst ihm sein Haus, seine Schafe und all seinen Besitz bewachen. Nähren sollst du dich von den Brotrinden und Knochen, die an seinem Tische übrigbleiben, und dreißig Jahre sollst du leben.« Der Hund sagte: »Ach Gott, welch ein Hundeleben! Nimm doch ein wenig von den Jahren!« Als der Mensch in der Ecke das hörte, gab er Gott wieder ein Zeichen und flüs-*

*terte: »Nimm doch von den seinen und gib sie mir!« Gott lachte wiederum und sprach: »Nimm dir zwanzig Jahre von dem Hund.« Und so wurden dem Menschen siebzig Jahre zuteil und dem Hund zehn.*
*Zuallerletzt kam der Affe zu Gott und sprach: »Gott, Du hast mich auf der Welt als Affen geschaffen. Sage mir, wie und wie lange ich leben soll, wovon ich mich ernähren und was ich arbeiten soll« Gott sprach zu ihm: »Siehst du den Menschen, dort in der Ecke sitzen? Er wird dein Herr sein. Nähren sollst du dich von Nüssen und anderen Früchten. Mit deinen Späßen und Spielereien sollst du ihn und seine Kinder erheitern. Dreißig Jahre sollst du leben.« Und der Affe sagte: »Ach Gott, welch ein Affenleben! Nimm ein wenig von den Jahren.« Als der Mensch, der in der Ecke saß, dies wiederum hörte, machte er Gott erneut ein Zeichen und flüsterte: »Nimm von seinen Jahren und gib sie mir!« Gott lachte und sprach: »Nimm auch von ihm die zwanzig Jahre.« Da nahm der Mensch noch weitere zwanzig Jahre, und es wurden neunzig.*
*Und so lebt der Mensch dreißig Jahre ein freies Menschenleben. Vom dreißigsten bis zum fünfzigsten lebt er ein Ochsenleben. Er legt den Ochsenriemen um den Hals, plagt sich, um Frau und Kinder zu ernähren und Geld zu sparen. Mit fünfzig wird er alles, was er bis dahin erworben hat, wie ein Hund bewachen und bis zum siebzigsten Jahr ein Hundeleben führen. Er wird den ganzen Tag mit allen schelten, über jede Kleinigkeit fluchen, schimpfen und keifen. Und schließlich vom siebzigsten bis zum neunzigsten Jahr ein Affenleben führen, wo alle über ihn spotten und lachen, ihn für ein kleines Kind oder einen Affen halten.*

*Was ist euch die Seele beklommen,*
*ihr, die ihr die Kürze des Lebens betrauert?*
*Denkt! Hätte die Freude den andern gedauert,*
*an euch nie wäre die Reihe gekommen.*
Omar Khayyam, Persischer Dichter und Mathematiker

*Klage nicht, dass du in Fesseln seist geschlagen,*
*klage nicht, dass du der Erde Joch musst tragen.*
*Klage nicht, die weite Welt sei ein Gefängnis;*
*zum Gefängnis machen sie nur deine Klagen.*
Mowlana, Persischer Dichter und Mystiker

# Literaturverzeichnis


Abdúl-Baha (1995): Beantwortete Fragen. Bahaí-Verlag, Hofheim am Taunus

Benedetti, Gaetano (1998): Todeslandschaften der Seele. Göttingen (5. Aufl.)

Katzensteiner, Michael und Lacher, Reinhard (2007): in Franz Sedlak (Hrsg.): Psychologie und Psychotherapie für Schule und Studium – ein praxisorientiertes Wörterbuch. Springer, Wien, New York

Kornbichler, Thomas (2004): Aufbruch aus der Depression. Neue Wege zur Heilung. Kreuzverlag, Stuttgart

Livingstone, Gordon (2004): Zu Früh Alt und Zu Spät Weise. Intregral Verlag-Random House GmbH

Peseschkian, Nossrat (1979): Der Kaufmann und der Papagei. Fischer Taschenbuch Verlag, Frankfurt am Main (28. Aufl. 2006)

Peseschkian, Nossrat (1993): Psychosomatik und Positive Psychotherapie. Fischer Taschenbuch Verlag. Frankfurt am Main (7. Aufl. 2006)

Peseschkian, Nossrat (zus. mit Udo Boessmann) (1998): Angst und Depression im Alltag. Eine Anleitung zu Selbsthilfe und Psychotherapie. Fischer Taschenbuch Verlag, Frankfurt am Main (6. Aufl. 2006)

Peseschkian, Nossrat (zus. mit Raymond Battegay) (2006): Die Treppe zum Glück – 50 Antworten auf die großen Fragen des Lebens.

Peseschkian, Nossrat (2005): Was haben Sie auf dem Herzen? Trias Verlag, Stuttgart

Peseschkian, Nossrat (2004): Wenn du willst, was du noch nie gehabt hast, dann tu, was du noch nie getan hast. Herder, Freiburg (12. Aufl. 2007)

Profil. Österreichisches Nachrichtenmagazin (Heft 26/2007): Das Geheimnis des Alters. Verlagsgruppe NEWS Gesellschaft m.b.H., Wien

Rademacher, Franz Josef und Beyers, Bert (2007): Welt mit Zukunft – Überleben im 21. Jahrhundert. Murmann Verlag GmbH, Hamburg

Rau, Ebo und Irmey, György (2006): Gewusste Gesundung – Kalendarium. Herausgeber und Verleger: Gesellschaft für Biologische Krebsabwehr e.V. Heidelberg

Saint-Exupéry, Antoine de (1959): Die Stadt in der Wüste. Aus: Gesammelte Schriften in drei Bänden. Aus dem Französischen von Oswalt von Nostitz. Band 2. Karl Rauch Verlag, Düsseldorf

Snowdon, David (2001): Lieber Alt und Gesund. Karl Blessing Verlag, München

Spiegel, Peter (2007): Eine Humane Weltwirtschaft – Erfolgsfaktor Mensch. Patmos Verlag, Düsseldorf

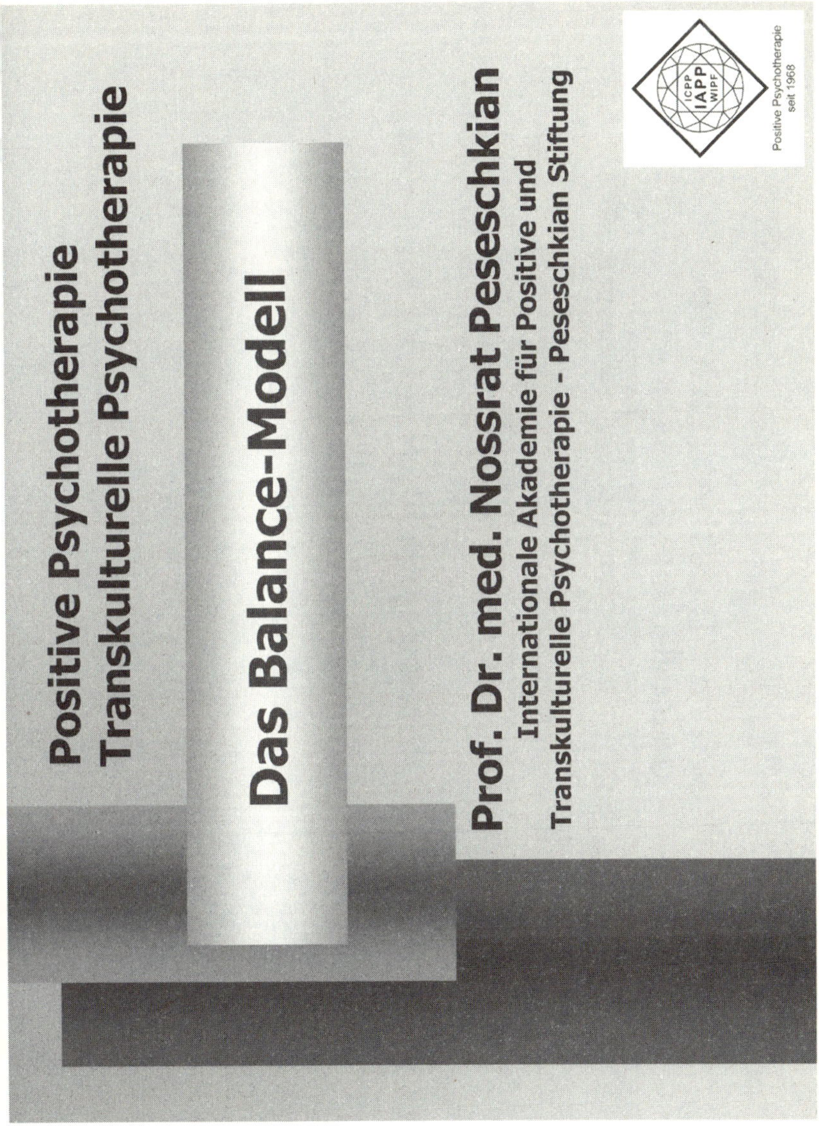


© Nossrat Peseschkian

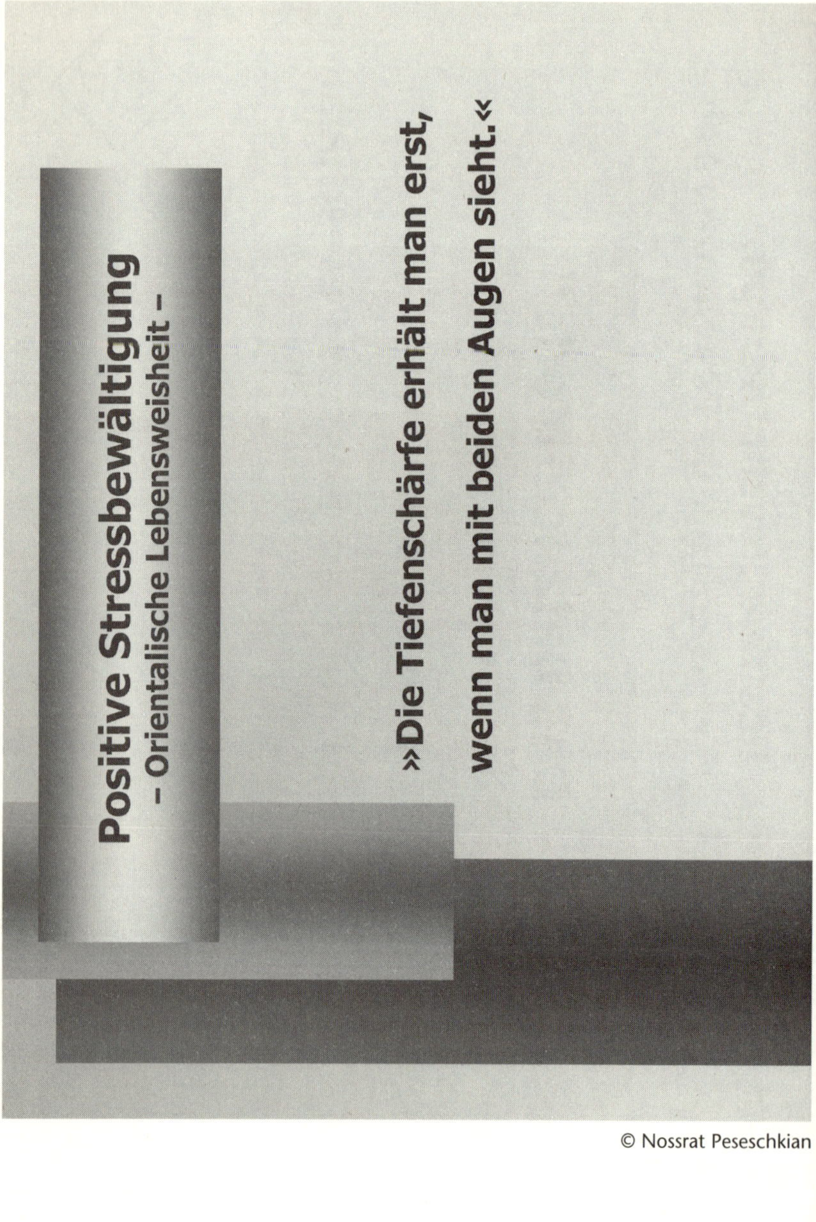
Positive Stressbewältigung
– Orientalische Lebensweisheit –
»Die Tiefenschärfe erhält man erst,
wenn man mit beiden Augen sieht.«

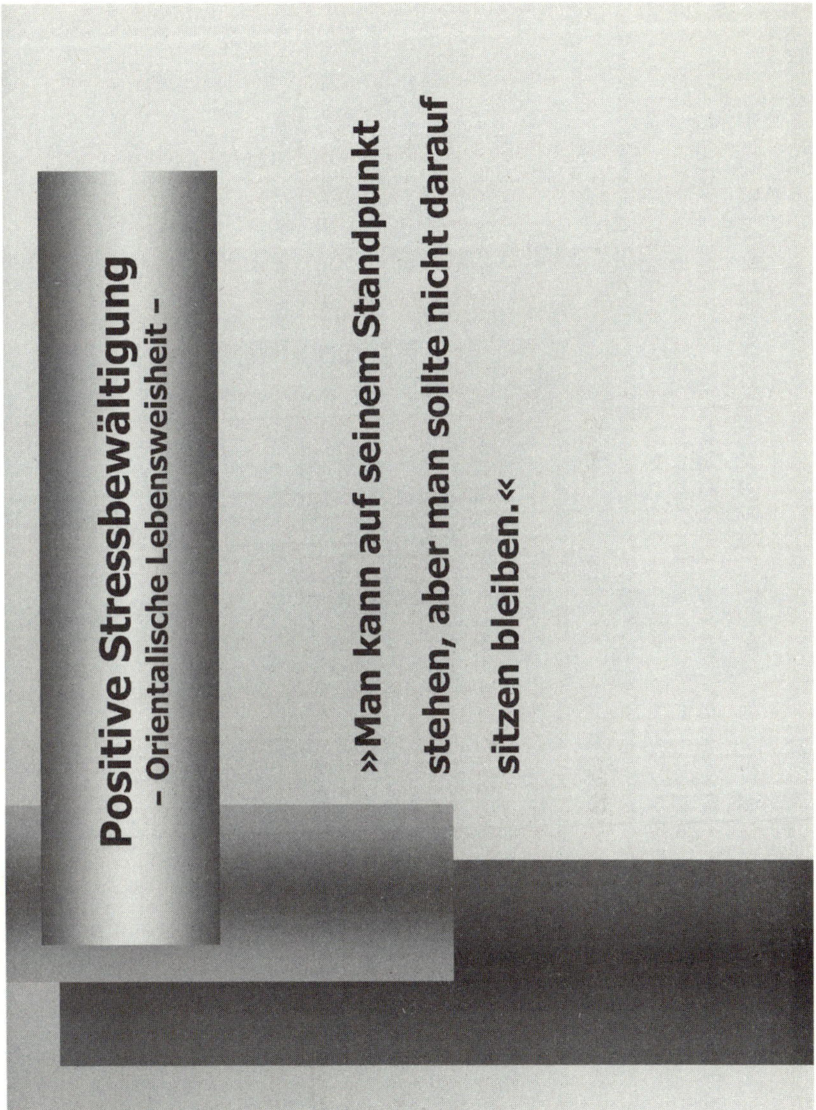
Positive Stressbewältigung
- Orientalische Lebensweisheit -
»Man kann auf seinem Standpunkt
stehen, aber man sollte nicht darauf
sitzen bleiben.«

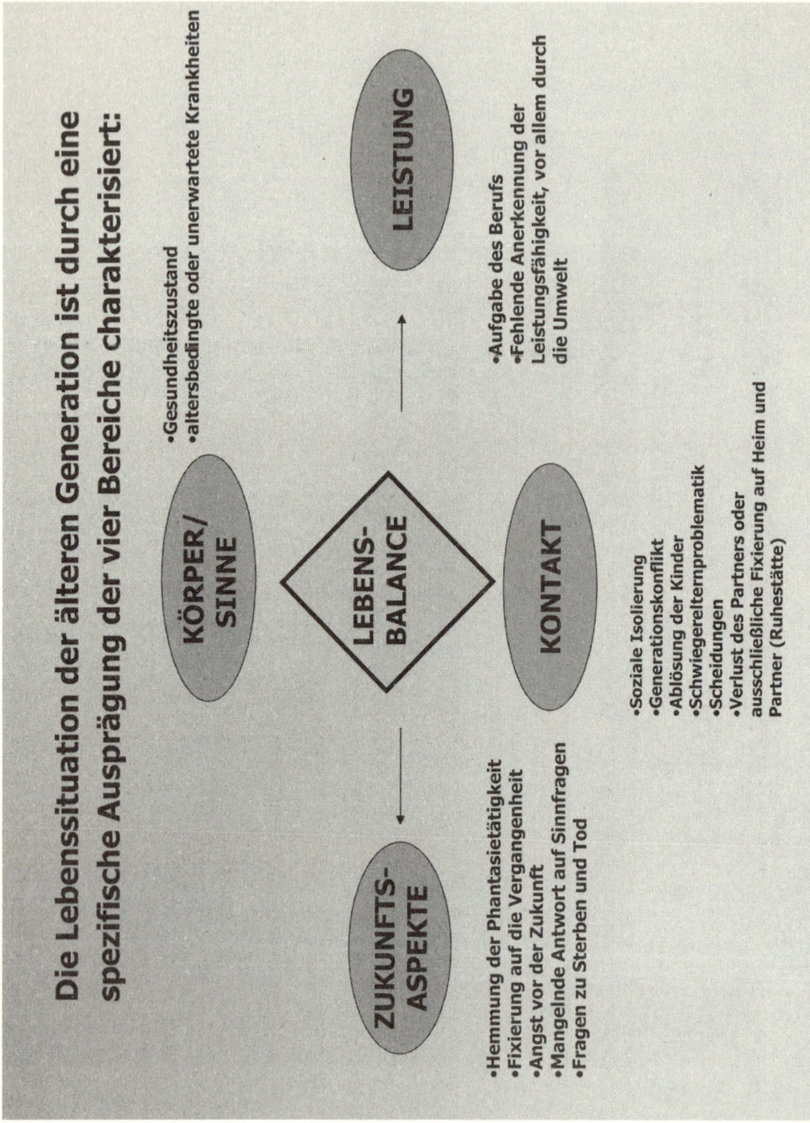
Die Lebenssituation der älteren Generation ist durch eine spezifische Ausprägung der vier Bereiche charakterisiert:
KÖRPER/ SINNE
•Gesundheitszustand
•altersbedingte oder unerwartete Krankheiten
LEISTUNG
•Aufgabe des Berufs
•Fehlende Anerkennung der Leistungsfähigkeit, vor allem durch die Umwelt
LEBENS-BALANCE
KONTAKT
•Soziale Isolierung
•Generationskonflikt
•Ablösung der Kinder
•Schwiegerelternproblematik
•Scheidungen
•Verlust des Partners oder ausschließliche Fixierung auf Heim und Partner (Ruhestätte)
ZUKUNFTS-ASPEKTE
•Hemmung der Phantasietätigkeit
•Fixierung auf die Vergangenheit
•Angst vor der Zukunft
•Mangelnde Antwort auf Sinnfragen
•Fragen zu Sterben und Tod

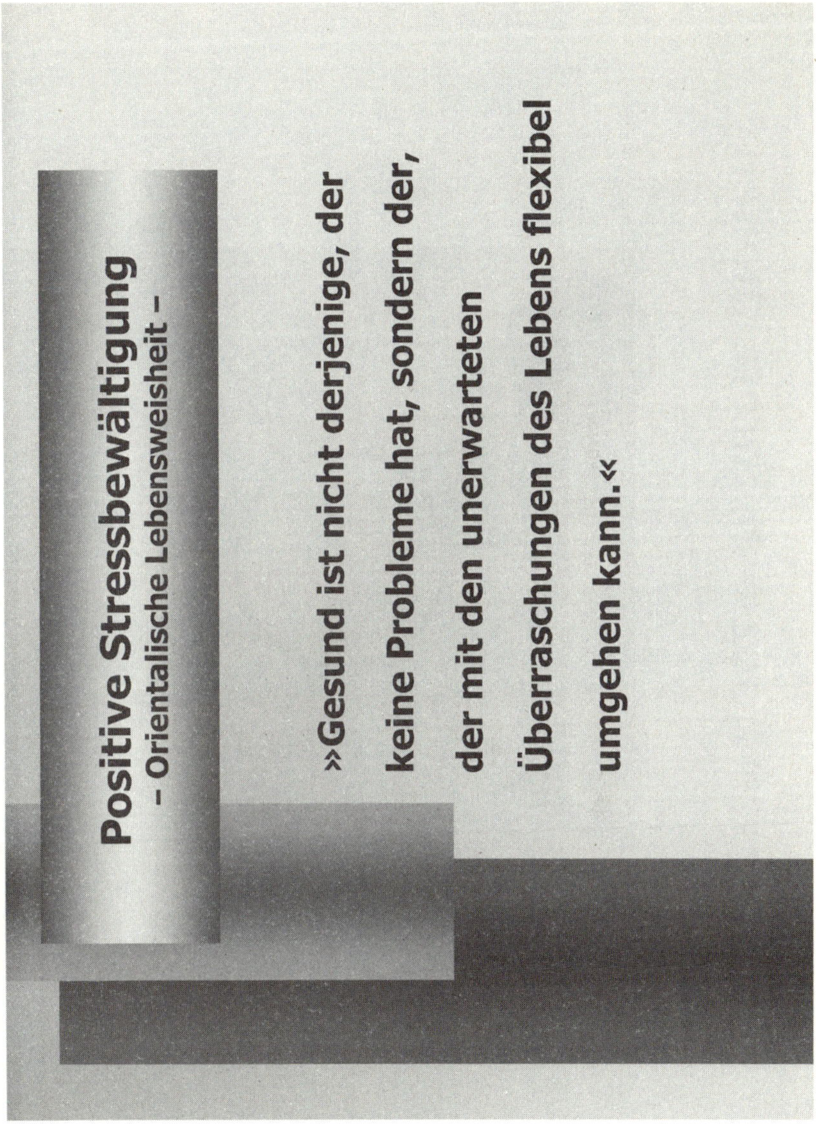
Positive Stressbewältigung
– Orientalische Lebensweisheit –
»Gesund ist nicht derjenige, der
keine Probleme hat, sondern der,
der mit den unerwarteten
Überraschungen des Lebens flexibel
umgehen kann.«

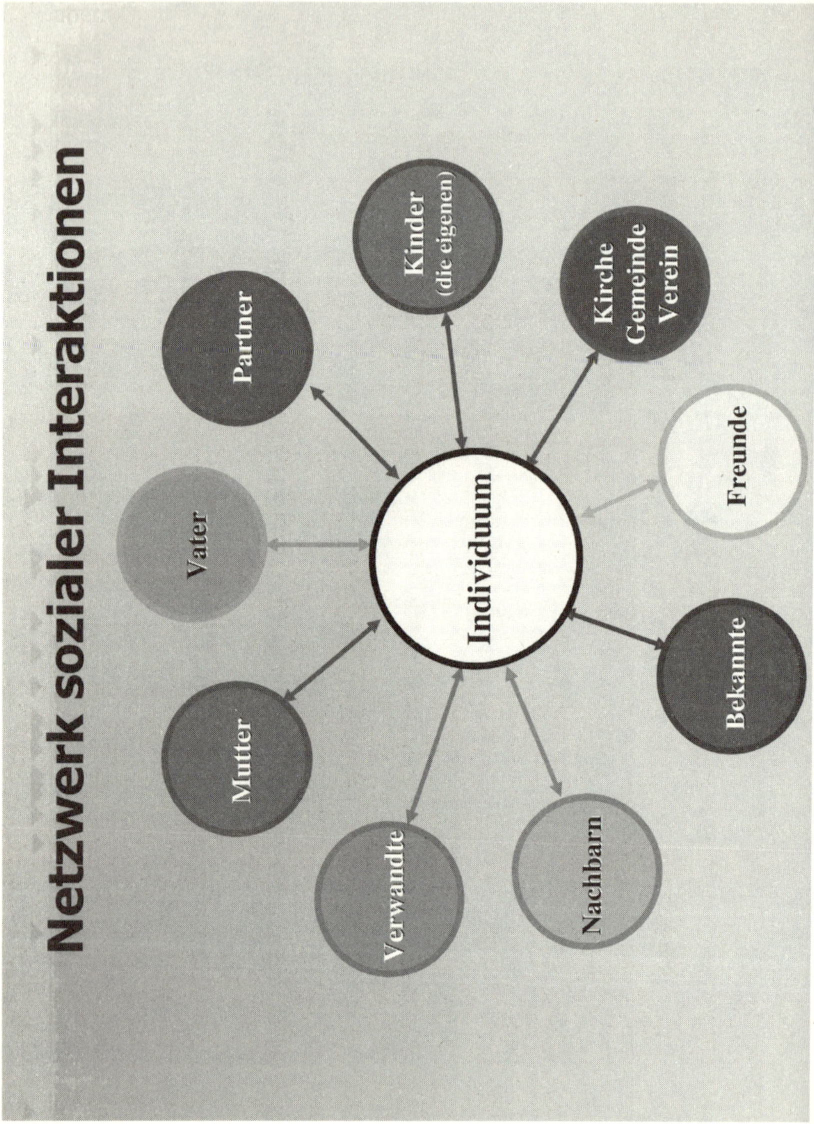

Netzwerk sozialer Interaktionen
Vater
Partner
Kinder
(die eigenen)
Kirche
Gemeinde
Verein
Mutter
Individuum
Freunde
Verwandte
Nachbarn
Bekannte

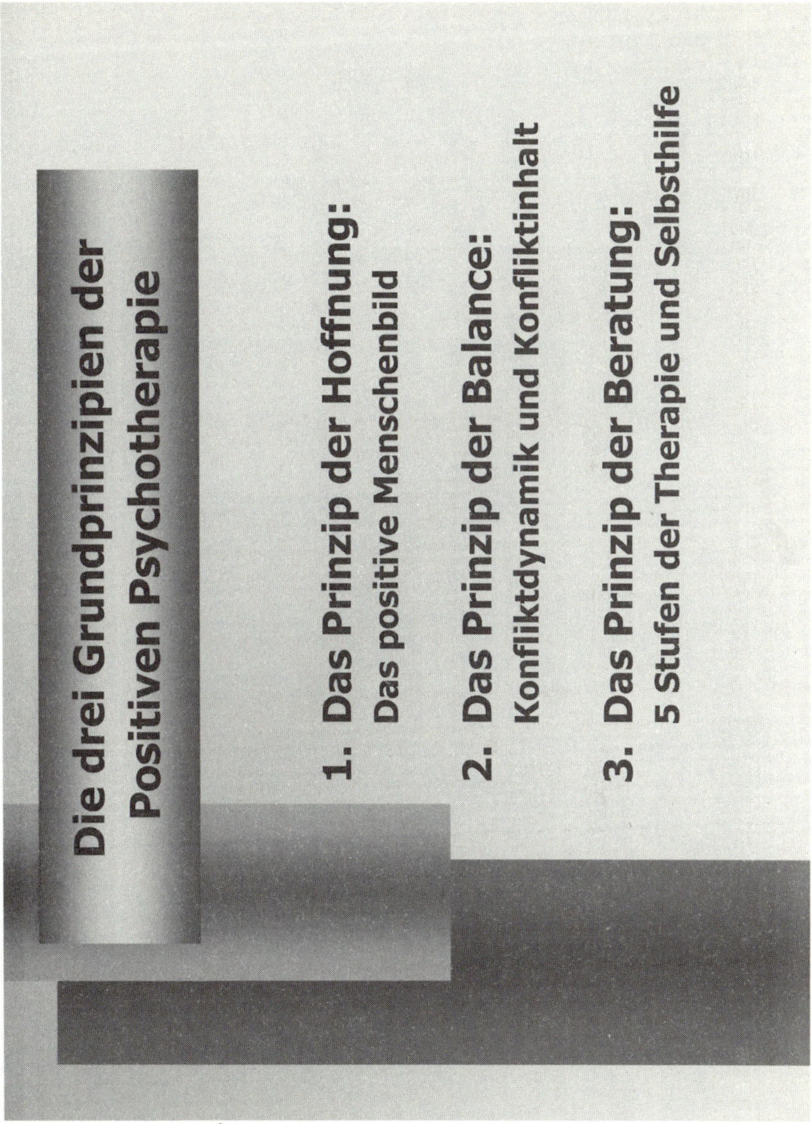
Die drei Grundprinzipien der
Positiven Psychotherapie
1. Das Prinzip der Hoffnung:
Das positive Menschenbild
2. Das Prinzip der Balance:
Konfliktdynamik und Konfliktinhalt
3. Das Prinzip der Beratung:
5 Stufen der Therapie und Selbsthilfe

**»Ich habe viel in der Krankheit gelernt, das ich niemals in meinem Leben hätte lernen können.«**

**Johann Wolfgang von Goethe**

an Käthchen Schönkopf, 30. Dezember 1768

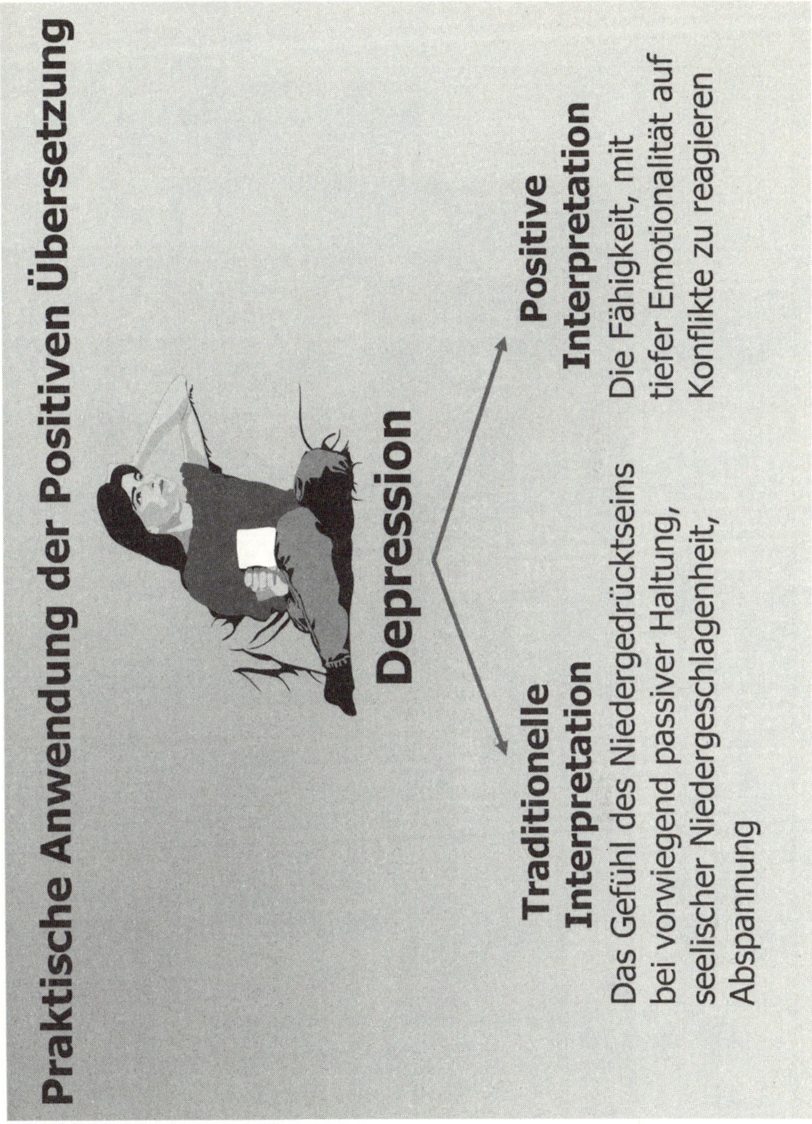
Praktische Anwendung der Positiven Übersetzung
Depression
Traditionelle Interpretation
Das Gefühl des Niedergedrücktseins bei vorwiegend passiver Haltung, seelischer Niedergeschlagenheit, Abspannung
Positive Interpretation
Die Fähigkeit, mit tiefer Emotionalität auf Konflikte zu reagieren

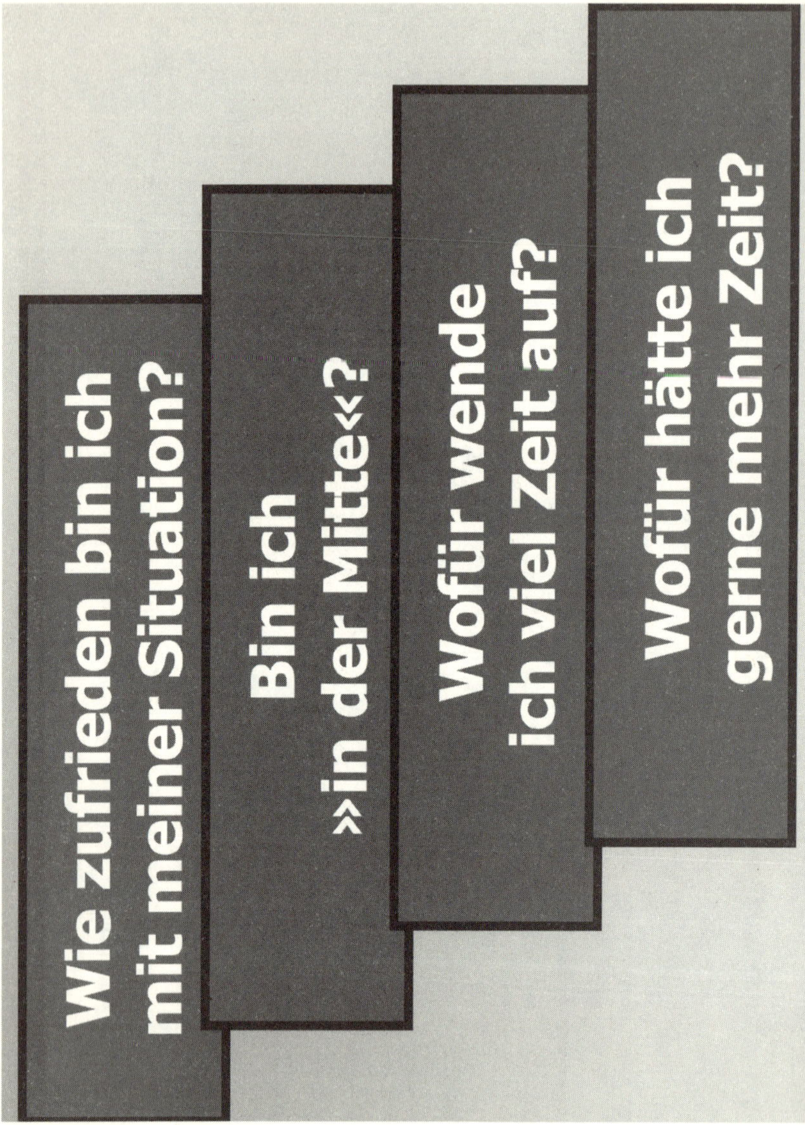


© Nossrat Peseschkian

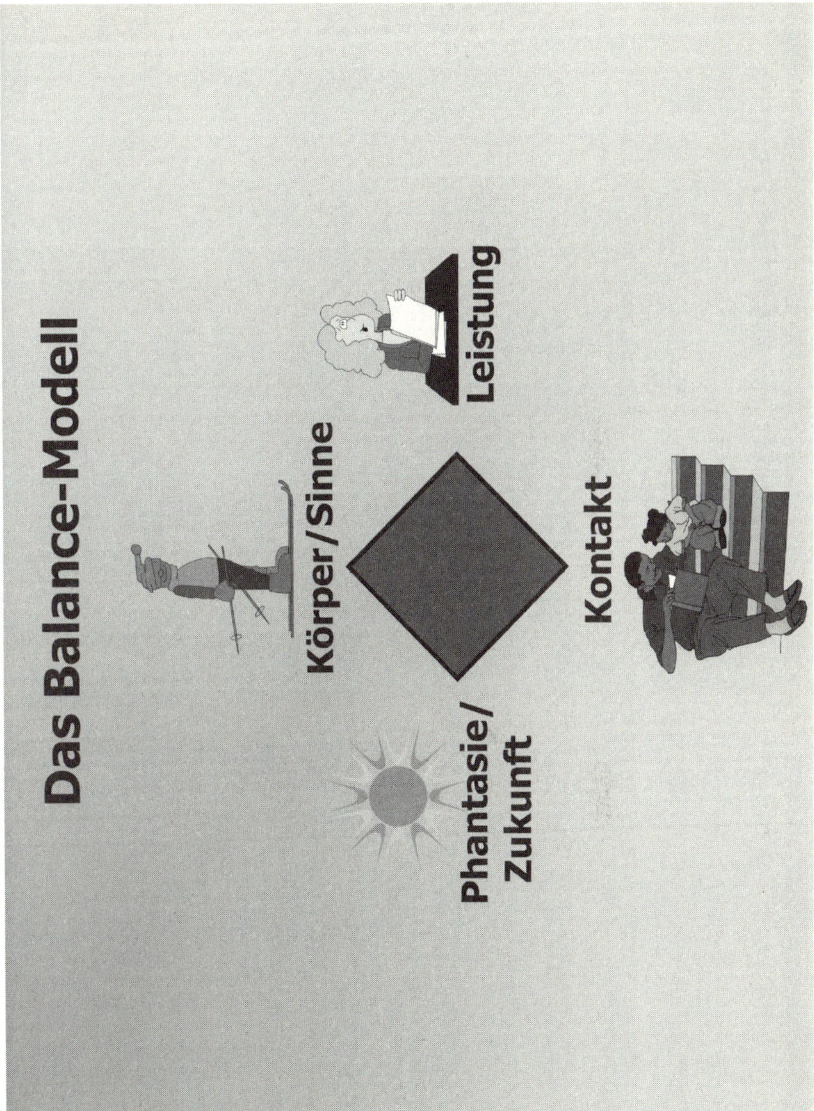
Das Balance-Modell
Körper/Sinne
Leistung
Kontakt
Phantasie/
Zukunft

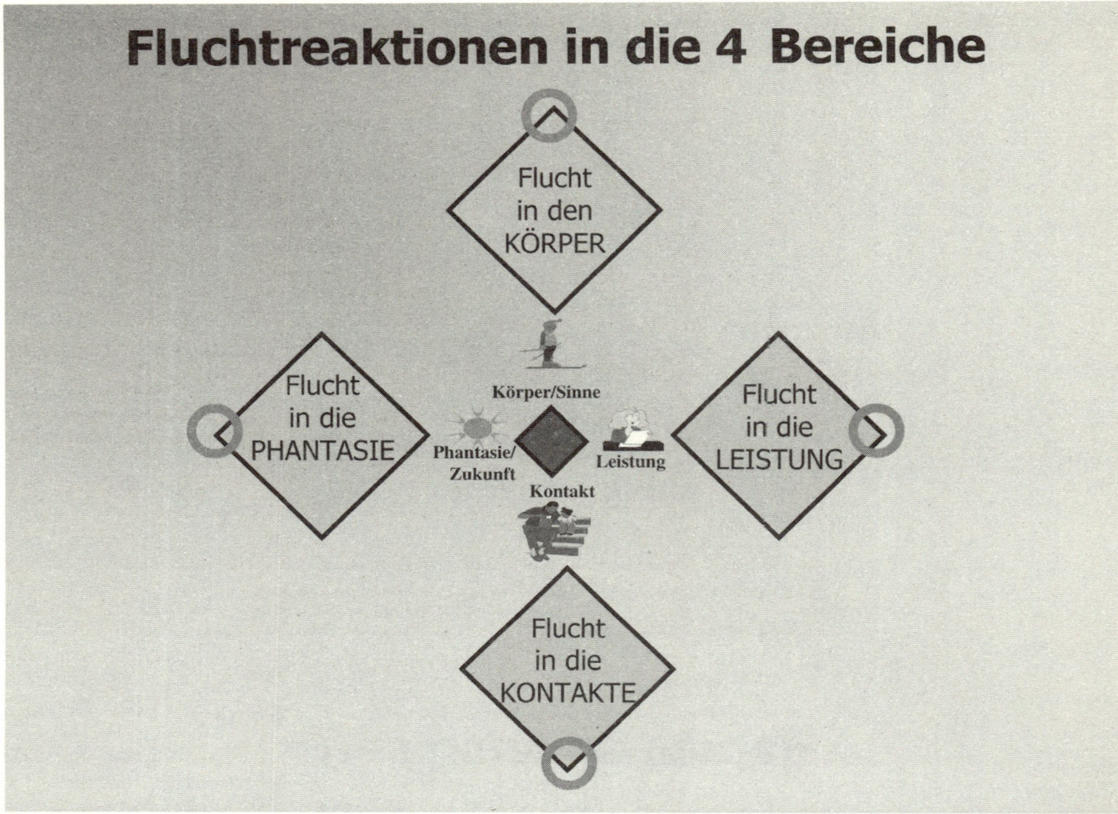
Fluchtreaktionen in die 4 Bereiche
Flucht in den KÖRPER
Flucht in die PHANTASIE
Flucht in die LEISTUNG
Flucht in die KONTAKTE
Körper/Sinne
Phantasie/ Zukunft
Leistung
Kontakt

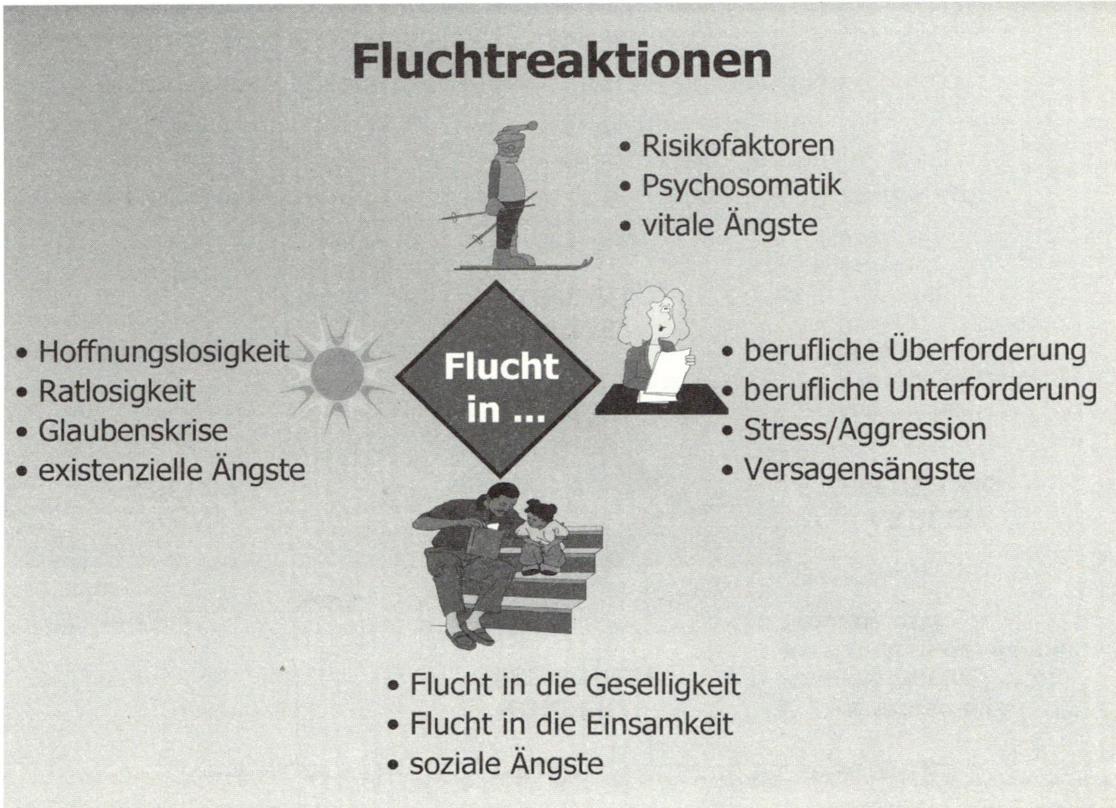
Fluchtreaktionen
• Risikofaktoren
• Psychosomatik
• vitale Ängste
• Hoffnungslosigkeit
• Ratlosigkeit
• Glaubenskrise
• existenzielle Ängste
Flucht in ...
• berufliche Überforderung
• berufliche Unterforderung
• Stress/Aggression
• Versagensängste
• Flucht in die Geselligkeit
• Flucht in die Einsamkeit
• soziale Ängste

## Life-Events nach Prof. Dr. Nossrat Peseschkian

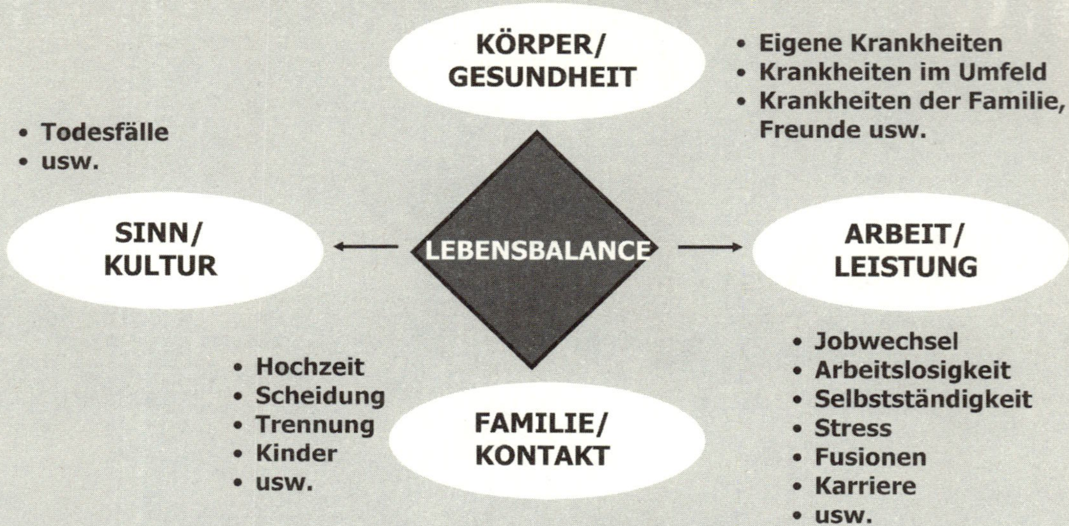


- 10–12 Ereignisse aufschreiben, die in den letzten 5–10 Jahren auf Sie und Ihre Familie in den 4 Bereichen zugekommen sind.
- Sie können dies auf einer DIN-A-4-Seite beschreiben.
- Mit den 4 wichtigsten (Gesundheit, Beruf, Familie, Zukunft) durch die 5 Phasen hindurchgehen.

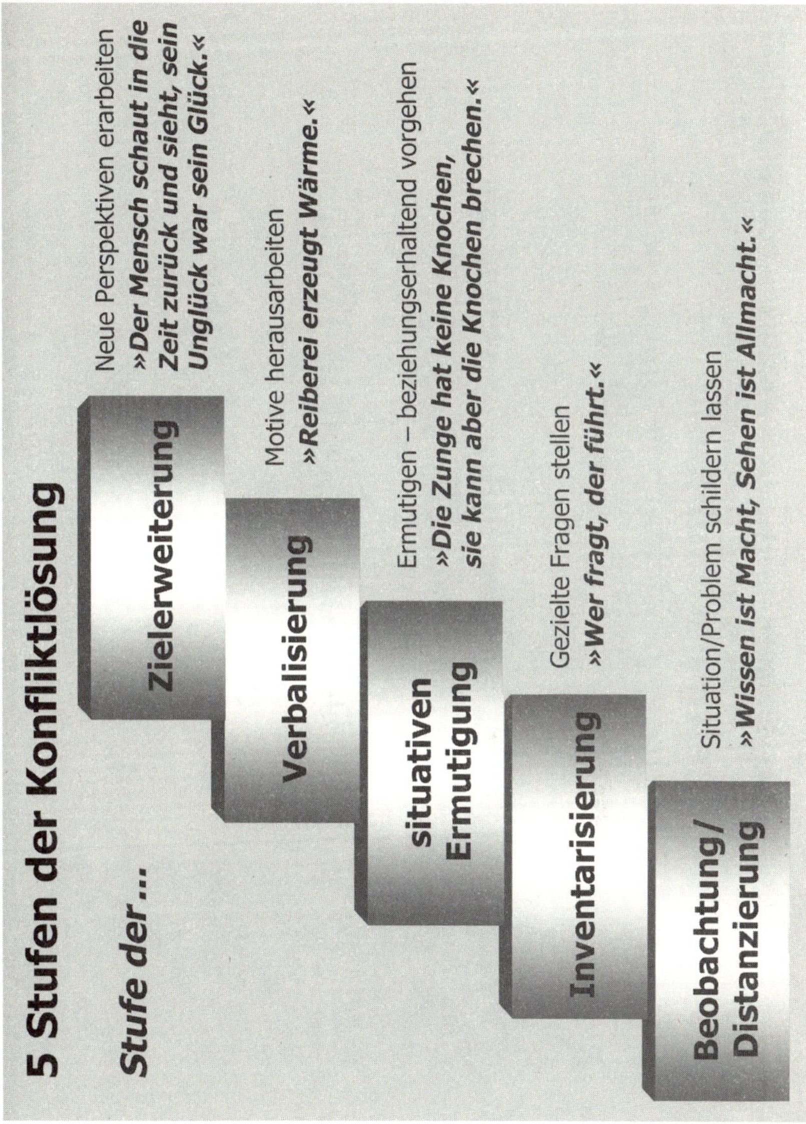
5 Stufen der Konfliktlösung
Stufe der ...
Beobachtung/ Distanzierung
Situation/Problem schildern lassen
»Wissen ist Macht, Sehen ist Allmacht.«
Inventarisierung
Gezielte Fragen stellen
»Wer fragt, der führt.«
situativen Ermutigung
Ermutigen – beziehungserhaltend vorgehen
»Die Zunge hat keine Knochen, sie kann aber die Knochen brechen.«
Verbalisierung
Motive herausarbeiten
»Reiberei erzeugt Wärme.«
Zielerweiterung
Neue Perspektiven erarbeiten
»Der Mensch schaut in die Zeit zurück und sieht, sein Unglück war sein Glück.«

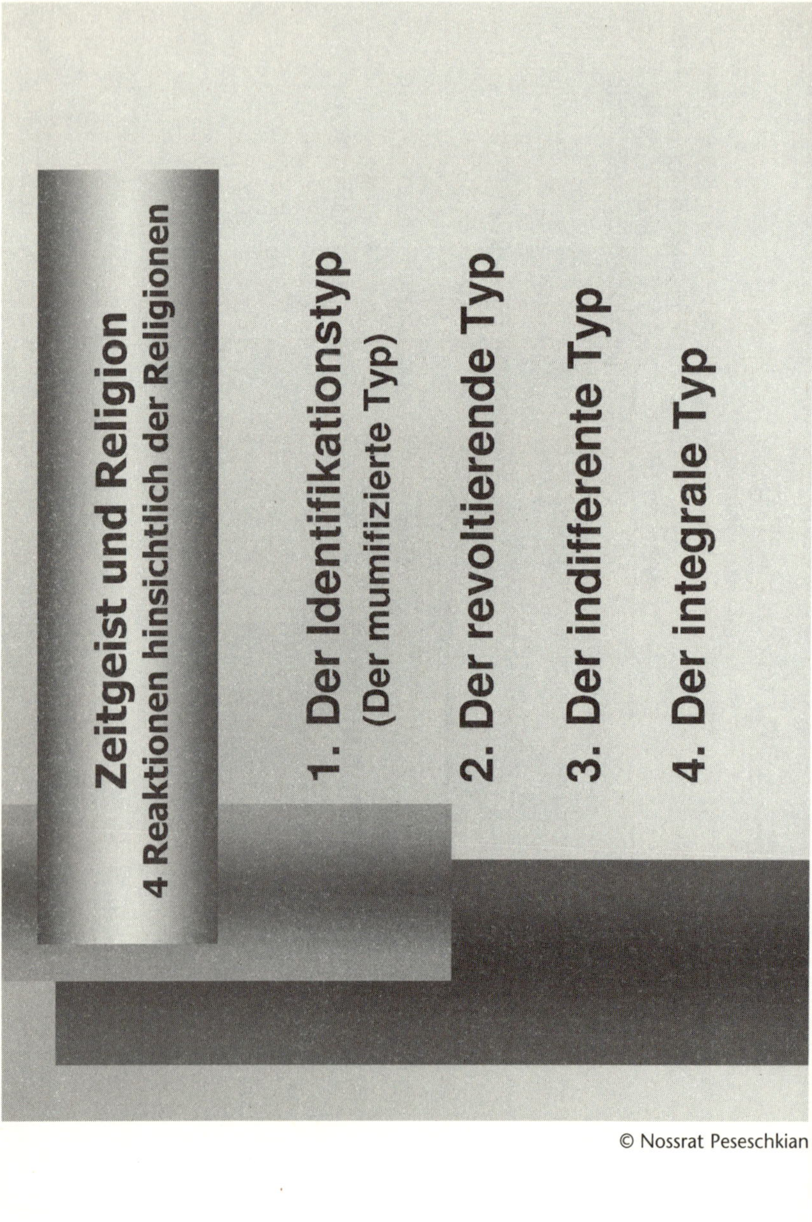
Zeitgeist und Religion
4 Reaktionen hinsichtlich der Religionen
1. Der Identifikationstyp
(Der mumifizierte Typ)
2. Der revoltierende Typ
3. Der indifferente Typ
4. Der integrale Typ

Michael Titze, Christof T. Eschenröder

**Therapeutischer Humor**

Grundlagen und Anwendungen

Band 12650

Lachen ist gesund, weiß der Volksmund. Auch die Wissenschaft hat sich in den letzten zwanzig Jahren verstärkt mit der These beschäftigt, dass Humor und Lachen bei der Behandlung von psychischen und organischen Krankheiten für den Prozess der Heilung förderlich sein können. Wie das Phänomen Humor wissenschaftlich erklärt werden kann und warum Lachen eine heilende Wirkung hat, darüber geben Michael Titze und Christof T. Eschenröder umfassend Auskunft.

Im praxisbezogenen Teil des Buches bieten die Autoren einen Überblick über die Bedeutung und Anwendung von Humor in verschiedenen Psychotherapieformen und informieren über die vorliegenden Forschungsergebnisse. Anhand von vielen Fallbeispielen wird humoristisches Vorgehen erläutert. Die Anwendungsgebiete für humorbezogene Techniken sind vielfältig. Psychotherapeuten, Psychologen und Ärzte erhalten Anregungen, wie sie Klienten und Patienten mit humoristischen Methoden helfen können, einseitige negative Einstellungen in Frage zu stellen und neue Verhaltensweisen auszuprobieren.

Fischer Taschenbuch Verlag

fi 12650 / 1

Piet C. Kuiper

**Seelenfinsternis**

Die Depression eines Psychiaters

*Aus dem Niederländischen von Marlies Menges*

Band 12764

In diesem vielbesprochenen Buch schildert der niederländische Psychiater Piet C. Kuiper auf beklemmende Weise eine schwere Depression, die ihn in eine tiefe Lebenskrise stürzte und seine Einweisung in eine Klinik notwendig machte. All sein Wissen über seelische Störungen versagte vor seiner eigenen Erkrankung. Nach seiner Genesung schrieb er dieses einmalige Dokument nieder, das zu einem Bestseller geworden ist.

»Seine größte Intensität gewinnt Kuipers Bericht bei der Schilderung jener Schuldhölle, in der er während seiner Krankheit unterzugehen drohte. Das Zentralkapitel ›Im tiefen Abgrund‹ ist eine auch schriftstellerisch unerhörte Innenansicht der Hölle aus der Sicht der Depression.« *Ludger Lütkehaus*

Fischer Taschenbuch Verlag

fi 778 / 7

Alfred Adler
**Menschenkenntnis**
Band 26080

Die Individualpsychologie Adlers gehört mit der Tiefenpsychologie Sigmund Freuds und der Analytischen Psychologie C. G. Jungs zum Fundament der modernen Psychologie. Kenntnisse und Einsichten, die Adler als praktischer Arzt in Wien erwarb, bildeten einen wichtigen Teil der Grundlagen seiner Psychologie, in der er das Gesetz der seelischen Entwicklung des Menschen zu erfassen suchte. Nach Adlers Überzeugung ist gerade dieses Gesetz der seelischen Entwicklung »der wichtigste Wegweiser für jeden, der nicht dunklen Regungen verfallen will, sondern bewusst sein Schicksal aufzubauen bestrebt ist. Wir treiben mit diesen Untersuchungen Menschenkenntnis, eine Wissenschaft, die kaum sonst irgendwie gepflegt wird, die uns aber als die wichtigste und für alle Schichten der Bevölkerung unerläßliche Beschäftigung erscheint.« Seine Einsicht, dass die Neurosen auf die Konflikte zwischen dem natürlichen Geltungsstreben des Menschen und seiner tatsächlichen sozialen Rolle zurückzuführen sind, hat in der zweiten Hälfte des 20. Jahrhunderts eine neue Bedeutung erhalten. Adlers grundlegendes Buch »Menschenkenntnis« gilt auch im Ausland als Standardwerk der modernen Psychologie.

Fischer Taschenbuch Verlag

fi 26080 / 1

Carl R. Rogers

**Die klientenzentrierte Gesprächspsychotherapie**

Client-Centered Therapy

Mit Beiträgen von
Elaine Dorfman, Thomas Gordon und Nicholas Hobbs

*Aus dem Amerikanischen von Erika Nosbüsch*

Band 42175

Die klientenzentrierte Gesprächspsychotherapie auf der Grundlage des nicht-direktiven Standpunktes in Beratung und Therapie, bei uns auch kurz »Rogers-Therapie« genannt, gewinnt zunehmend an Bedeutung für die Spieltherapie mit Kindern, für Schule und Erziehung, aber auch für die Gruppentherapie Erwachsener. Das Buch enthält eine klare Darstellung der Verfahrensweisen, mit deren Hilfe beratungsbedürftigen Menschen geholfen werden kann, zu einer neuen und besseren Anpassung der Persönlichkeit zu gelangen. Es behandelt nicht nur das Wesen des therapeutischen Prozesses, sondern auch die Probleme, die in der Beratung auftauchen können. Das Buch versucht eine dynamische Integration erfolgreicher Techniken der allgemeinen Beratung und der Beratungsverfahren in besonderen Situationen.

Fischer Taschenbuch Verlag

fi 353 / 7

Carl R. Rogers

**Die nicht-direktive Beratung**

Counseling and Psychotherapy

*Aus dem Amerikanischen von Erika Nosbüsch*

Band 42176

Dieses Buch ist nach den Worten des Verfassers Ausdruck seiner Überzeugung, daß die Beratung ein erlernbarer, überschaubarer und verstehbarer Prozeß ist, ein Prozeß, der vermittelt, überprüft, verfeinert und verbessert werden kann. Es soll angehende wie erfahrene Berater und Therapeuten zu weiterer Erforschung von Theorie und Praxis anregen. Rogers ist überzeugt, daß wir eher zu wenig als zuviel Vertrauen in die Wachstumsmöglichkeiten des Individuums haben, und er möchte mit seinem Buch dazu beitragen, die im Individuum beschlossenen Wachstums- und Entwicklungspotentiale zu erkunden und zu fördern. Das Buch ist »im wahrsten Sinne des Wortes ein praktisches Buch, geschrieben von einem Mann, der über langjährige und erfolgreiche Erfahrung als Berater und Psychotherapeut ver-fügt« (Leonard Carmichael in seinem Vorwort).

Fischer Taschenbuch Verlag

fi 355 / 11

Stavros Mentzos

**Neurotische Konfliktverarbeitung**

Einführung in die psychoanalytische Neurosenlehre unter Berücksichtigung neuer Perspektiven

Band 42239

Die Psychoanalyse befindet sich im Wandel. Stavros Mentzos hofft, daß der Leser während der Lektüre zunehmend die Überzeugung gewinnt, daß die pathologischen Verarbeitungsmodi des Konflikts, also die neurotischen Symptome, Charaktere, Abwehrmechanismen, Arrangements, zwar leidvolle und letztlich mißglückte »Lösungen« sind, daß sie aber oft bewundernswerte Ich-Leistungen unter extrem schwierigen Bedingungen darstellen, die keineswegs leichtfertig als »eben nur pathologisch« abgetan werden sollten. Gerade in einer Zeit, in der die längst fällige, endlich offene und freie Diskussion über fundamentale theoretische und praktische Fragen und Probleme der Psychoanalyse in Gang gekommen ist, erscheint es sinnvoll, eine vorläufige Synthese in Form einer Systematik neurotischer Störungen einem breiteren Publikum zugänglich machen

Fischer Taschenbuch Verlag

fi 2157 / 1

Thomas Kornbichler
unter Mitarbeit von Manije Peseschkian

**Nossrat Peseschkian. Morgenland – Abendland**

Positive Psychotherapie im Dialog der Kulturen

Band 15861

Das Buch ist eine Einführung in die Positive Psychotherapie und in das Leben ihres Begründers Nossrat Peseschkian. Durch die Anwendung zeitgemäßer Methoden ganzheitlicher Psychotherapie, in der sich östliche und westliche Lebensweisheit die Hand reichen, können Kräfte geschöpft werden, die für eine friedliche Gestaltung unserer Zukunft notwendig sind.

Fischer Taschenbuch Verlag

fi 15861 / 1

Martin Dornes

**Die frühe Kindheit**

Entwicklungspsychologie der ersten Lebensjahre

Band 13548

Die Bedeutung der Kindheit für die weitere Persönlichkeitsentwicklung ist eines der großen Themen der Psychologie des 20. Jahrhunderts. Freuds Behauptung, das Kind sei der Vater des Mannes, ist sowohl auf Zustimmung als auch auf Widerspruch gestoßen. Heute kann kaum noch ein Zweifel daran bestehen, daß Erfahrungen in der Kindheit ganz erheblich die späteren Denk- und Gefühlsgewohnheiten beeinflussen. Allerdings haben sich inzwischen die Akzente verlagert: Nicht mehr die psychosexuelle Entwicklung steht, wie zu Freuds Zeiten, im Zentrum des Interesses, sondern die Schicksale von Aggression und Bindungsfähigkeit. Martin Dornes beschreibt die Eigenarten der Denk- und Gefühlsprozesse kleiner Kinder. Außerdem befaßt er sich mit der Entstehung und Entwicklung von Aggression, den Ursachen und Folgen der Kindesmißhandlung, der Angst im Säuglingsalter sowie der Frage, ob schon Säuglinge *unbewußt* denken und fühlen.

Fischer Taschenbuch Verlag

fi 1298 / 5